सादर आपका

स्वीकृति हेतु पता :
बी -255, सेक्टर-26
नोएडा-201301

सादर आपका

दया प्रकाश सिन्हा

वाणी प्रकाशन

वाणी प्रकाशन

4695, 21-ए, दरियागंज, नयी दिल्ली 110 002

शाखा

अशोक राजपथ, पटना 800 004

फ़ोन: +91 11 23273167 फ़ैक्स: +91 11 23275710

www.vaniprakashan.in
vaniprakashan@gmail.com

SAADAR AAPKA
by Daya Prakash Sinha

ISBN : 978-93-5072-552-8
Play

प्रथम संस्करण

मूल्य : ₹ 50

एस. के. ऑफ़सेट, दिल्ली-110095 में मुद्रित

वाणी प्रकाशन का लोगो मक़बूल फ़िदा हुसेन की कूची से

प्रतिभा को
जिसकी स्मृति मेरे अस्तित्व का
अविभाज्य अंश है।

यह नाटक सर्वप्रथम 'संकेत' द्वारा 21 नवम्बर, 1976 को रवीन्द्रालय लखनऊ में मंचित किया गया, जिसमें निम्नलिखित रंगकर्मियों ने भाग लिया :

ब्रह्मानन्द	राजनारायण
विलायती	सुबीर कुमार अधिकारी
लज्जावती	नीरा शर्मा
रोहित	गोपाल सिन्हा
रेखा	उमा घिलडियाल
गोपालकृष्ण	अज़ीजुद्दीन ख़ालिद
दिनेश	हबीब अख़्तर

निर्देशन

श्याम नारायण

प्राक्कथन

(प्रथम संस्करण की भूमिका)

हिन्दी में नाटक लिखना बहुत निरर्थक काम है। नाटक लिखने के पश्चात् प्रश्न उठता है—यह नाटक किसके लिए? मेरे लिए सौभाग्य से स्थिति ऐसी है कि मैं नाटक लेखन पर अवलम्बित नहीं हूँ। नाटक लिखना मेरे लिए अपने आप में साधन है, और साध्य भी। मैं इससे अधिक आशा भी नहीं करता। किन्तु मेरी जैसी स्थिति अधिकांश अन्य लेखकों की नहीं है। इसीलिए हिन्दी नाटक लेखन में गतिरोध है। जब नाटक लिखकर कुछ मिलना नहीं, तब कोई नाटक क्यों लिखे?

आज़ादी के तैंतीस वर्ष पश्चात् भी हिन्दी रंगमंच का कोई स्वरूप उभरकर नहीं आया है। यह सही है कि अब पहले की अपेक्षा अधिक संख्या में नाटक हिन्दी में मंचस्थ होने लगे हैं, लेकिन उनका शौक़िया स्वरूप नहीं बदला है। अभी भी नाटकों के, स्मारिका में विज्ञापन के सहारे, दो चार प्रदर्शन होते हैं। इन प्रदर्शनों में टिकट ख़रीदकर आने वाले दर्शक केवल नाममात्र के होते हैं, शेष सब निमन्त्रण-पत्र पर। फिर इन प्रदर्शनों में आने वाले प्रेक्षक भी केवल वही सीमित लोग होते हैं, जो प्रायः सब नाटक देखने जाते हैं। हर नाटक में वही-वही चेहरे देखने को मिलेंगे, क्योंकि हिन्दी रंगमंच की जड़ें जन-साधारण तक नहीं पहुँची हैं। वह एक वर्ग विशेष तक ही सीमित हैं, और आकाश-लता के समान धरती से कटी हैं। इस प्रकार जहाँ रंगकर्मियों की संख्या बढ़ी है, वहाँ उसके अनुपात में प्रेक्षकों की संख्या में वृद्धि नहीं हुई है। जन-साधारण से अछूते हिन्दी रंग-जगत् से नाटककार अपेक्षा ही क्या कर सकता है?

मैं दिल्ली प्रशासन के सांस्कृतिक विभाग तथा मनोरंजन कर विभाग से सम्बद्ध हूँ। मेरे पास हर सप्ताह दिल्ली में मंचस्थ होने वाले नाटकों की सूची अग्रिम रूप से आती है। इन सूचियों को हफ़्ता-दर-हफ़्ता देखना मुझ हिन्दी प्रेमी के लिए एक यन्त्रणा से कम नहीं है। इन नाटकों की सूची में 85 प्रतिशत पंजाबी नाटक होते

हैं। शेष पन्द्रह प्रतिशत में हिन्दी, उर्दू और अंग्रेज़ी आदि के नाटक होते हैं और इन हिन्दी नाटकों में कठिनाई से दो प्रतिशत नाटक मूल हिन्दी के होते हैं, शेष विदेशी या क्षेत्रीय भाषाओं के नाटकों के अनुवाद।

आगे स्थिति क्या होगी यह तो भविष्य बतायेगा, लेकिन आज का हिन्दी रंगमंच अनुवाद-मंच बनकर रह गया है। निर्देशकों में अंग्रेज़ी, फ्रेंच, जर्मन इत्यादि के साथ बांग्ला, कन्नड़, मराठी आदि के नाटकों के अनुवादों के मंचस्थ करने की होड़ लगी है। दिल्ली के प्रमुख निर्देशक मुम्बई और कोलकाता का चक्कर लगाकर वहाँ मंचस्थ होने वाले नाटक देखते हैं। वहाँ जो भी सफल नाटक होता है, उसका चट हिन्दी में अनुवाद और पट दिल्ली में मंचन। इसमें एक आसानी और भी है। हिन्दी अनुवाद के साथ-साथ निर्देशक को 'प्रोडक्शन' की नक़ल करने की सुविधा भी लगे हाथ मिल जाती है। वही रंग-सज्जा, वही रूप-सज्जा, वही समूहन, वही प्रकाश योजना, वही कोरियोग्राफ़ी। दिल्ली के प्रेक्षक और आलोचक तो मुम्बई और कोलकाता का चक्कर लगाते नहीं, जो इस चोरी को पकड़ सकें। यह है बिना मेहनत और परिश्रम के प्रमुख अकादेमी-पुरस्कृत निर्देशक बनने का 'ट्रेड सीक्रेट'।

बहुत से निर्देशक हिन्दी के मौलिक नाटकों की अपेक्षा अंग्रेज़ी से या अंग्रेज़ी के माध्यम से प्राप्त अन्य विदेशी भाषाओं के नाटकों को हिन्दी में रूपान्तरित करके अभिनीत करना बेहतर समझते हैं। इसके पीछे दो कारण हैं। पहला, हिन्दी भाषी निर्देशकों में हिन्दी के प्रति हीन-भावना है। उन्हें अपनी भाषा पर गर्व नहीं है और न उसमें रचे जा रहे साहित्य का ज्ञान और उसके प्रति आश्वस्ति। बेचारे निर्देशकों को दोष देना ठीक नहीं, जब कि सब ही हिन्दी भाषियों की यही दशा है। किन्तु खेद इस बात का है कि बौद्धिक वर्ग में गिने जाने वाले निर्देशक साधारण जन की कोटि से ऊपर नहीं हैं। और दूसरा, निर्देशक के मन में लेखक बनने की छिपी लालसा विदेशी नाटकों के रूपान्तर कर तुष्टि पाती है। इसलिए वह मौलिक हिन्दी नाटक की अपेक्षा स्वयं विदेशी नाटक का अनुवाद करते हैं।

दिल्ली का हिन्दी रंगजगत्, कोलकाता और मुम्बई में सफलतापूर्वक मंचस्थ हुए बंगाली और मराठी के नाटकों के हिन्दी संस्करणों को दिल्ली में आयोजित करता है, तो हिन्दी राज्यों के केन्द्र, लखनऊ, जयपुर, पटना, भोपाल आदि दिल्ली के नक़्शे-कदम पर चल कर उनकी अनुकृति को मंचस्थ करके गौरवान्वित होते हैं। दिल्ली में जिन मराठी नाटकों के अनुवाद मैंने स्वयं अभिनीत होते देखे, उनके उपस्थापनों की 'कार्बन कॉपी' साल दो साल के बाद मैंने लखनऊ में, वहाँ के धुरन्धरों द्वारा बड़े शोर-शराबे और ताम-झाम के साथ प्रस्तुत होते देखी। मौलिकता के अवमूल्यन के इस तन्त्र में, जहाँ नक़ल के पूजित और सम्मानित सौदागर, रूपान्तर

के अनुष्ठान के अभिषेक में जुटे हैं, एक मौलिक नाटक का क्या अर्थ हो सकता है? इसलिए मैं अनुभव करता हूँ कि आज कल हिन्दी नाटक लिखना निरर्थक ही नहीं, जोखिम का भी काम है। फिर भी यह एक मौलिक नाटक और सही।

भारतवंशी जब विदेश जाते हैं, या विदेशी भारत आते हैं, तो एक 'कल्चरल शॉक' का अनुभव करते हैं। कुछ इसी प्रकार का 'कल्चरल शॉक' मैंने अनुभव किया, जब फ़ैज़ाबाद, बहराइच और इलाहाबाद में वर्षों रहने के पश्चात् मैं 1968 में दिल्ली आया। मेरे अवचेतन में इसकी अनुभूति बनी रही। फिर संयोग से 'रेखा' से भेंट हुई। उसने अपने परिवार के बारे में जो कुछ बताया, उसने मेरी अवचेतन में दबी अनुभूतियों को नाटकीय मुहावरे में ढाला, जिसकी अभिव्यक्ति यह नाटक है।

यह नाटक मैंने अपनी पत्नी प्रतिभा को समर्पित किया है। मैं कोई भी नाटक लिखता था, मुझसे ज्यादा प्रसन्नता और सन्तोष प्रतिभा को मिलता था। मेरे प्रकाशित नाटकों को जिस अभिमान से प्रतिभा मित्रों को दिखाती थी तथा जिस गर्व से उन्हें सँजोती थी, इस नाटक के प्रकाशन पर याद आ रहा है। प्रतिभा आज नहीं हैं। आज से दो वर्ष पूर्व अचानक चली गयी, लेकिन मेरी स्मृति में वह आज भी वैसी ही चलती-फिरती, हँसती-बोलती, जीवित है; और जीवित है उसका मेरे नाटकों पर गर्व और अभिमान, जो मुझे नाटक लिखने के लिए प्रेरित नहीं, विवश करता है।

—दया प्रकाश सिन्हा

19.05.80
नयी दिल्ली

द्वितीय संस्करण की भूमिका

बरसों-बरसों पहले नाटक का प्रथम संस्करण पूरी तरह से बिककर समाप्त हो गया था। उसके बाद, अगर इतने बरसों के अन्तराल में द्वितीय संस्करण प्रकाशित नहीं हुआ, तो इसके लिए मैं स्वयं दोषी हूँ। पहले प्रशासनिक सेवा के दौरान सरकारी काम का दबाव, और अवकाश प्राप्ति के पश्चात् राजनीति के दलदल में फँसाव। इस कारण प्रथम प्रेम-नाटक और रंगमंच की अवहेलना हो गयी। और इसी में नाटक के द्वितीय संस्करण की बात भी विस्मृत हो गयी। ये संस्करण उस त्रुटि का परिमार्जन है।

X X X

'सादर आपका' वर्तमान उपभोक्ता संस्कृति की विकृति को रूपायित करता है। सैकड़ों वर्षों से धर्म-जनित नैतिकता ने विवाह और परिवार की संस्था को पोषित किया था। किन्तु उपभोक्तावाद ने इनको जर्जरित कर दिया है। आज लोगों का धर्म के प्रति आस्था का क्षरण हुआ है, किन्तु उनके विकल्प के रूप में धर्म-निरपेक्ष नैतिक मूल्यों का विकास नहीं हुआ है, जो समाज को नियमित कर सके। अतएव, एक संक्रान्तिकालीन अराजकता समाज में व्याप्त है। सबकुछ बिखरा-बिखरा-सा है; हर कोई टूटता हुआ, डूबता हुआ, विकृत एवं व्याकृत दिखाई पड़ता है। नाटक 'सादर आपका' उपभोक्तावाद से ग्रसित एक परिवार के माध्यम से शाश्वत एवं तात्कालिक मूल्यों के संघर्ष को नाट्य-रूप देता है।

X X X

कुछ मित्रों एवं आलोचकों को 'सादर आपका' की 'लज्जा' तथा मोहन राकेश के 'आधे-अधूरे' नाटक की 'सावित्री' में समानता दिखाई दी। ये तुलना भ्रामक और सतही है। 'आधे-अधूरे' की 'सावित्री' की आक्रामकता उसकी व्यक्तिगत मानसिकता और मनोग्रन्थि जनित है, जो अन्ततः पारिवारिक त्रासदी का कारण बनती है। 'सादर आपका' की 'लज्जा' की आक्रामकता और स्वच्छन्दता का उद्गम उसकी व्यक्तिगत मनोग्रन्थि में नहीं है। उसकी और उसके परिवार की त्रासदी समकालीन उपभोक्तावाद

के वृहद् परिप्रेक्ष्य में नाटक में रूपायित है।

X X X

पिछले अंक में नाटक का समापन सुखान्तिक है। नाटक का निर्देशन करते हुए मैंने अनुभव किया कि नाटक दुखान्तिक बिन्दु पर भी समाप्त किया जा सकता है। एक ऐसे बिन्दु पर, जिसमें दर्शकों की घनीभूत सहानुभूति रेखा की त्रासदी पर केन्द्रित होकर, उनको करुणा से भर दे। अतएव, इस संस्करण में इन दोनों अन्तों को इंगित कर दिया गया है, जिससे निर्देशक अपनी रुचि के अनुसार नाटक का अन्त सुखान्तिक अथवा दुखान्तिक कर सकें।

जून 2011 **–दया प्रकाश सिन्हा**

प्रथम अंक

मंच

दो कमरे—एक बड़ा कमरा (*बायाँ कमरा*) तथा एक छोटा कमरा (*दायाँ कमरा*)। बाहर से प्रवेश बड़े कमरे में होता है। बड़े कमरे और छोटे कमरे के बीच एक दरवाज़ा है। बड़े कमरे से घर के भीतर के हिस्से में जाने का, पीछे की दीवार में एक दरवाज़ा है। उसी तरह से छोटे कमरे में भी घर के भीतर जाने का दरवाज़ा है। छोटे कमरे के दायीं ओर एक खिड़की है। पास ही एक दरवाज़ा, छोटे कमरे से मिले एक ड्रेसिंग रूम और बाथ रूम का है।

बायाँ कमरा वैसे तो ड्राइंग रूम है, लेकिन ब्रह्मानन्द इसी कमरे में रात को सोते हैं। वहाँ रखे बक्स में या अलमारी में अपने कपड़े रखते हैं। वैसे भी घर के सदस्यों के लिए वह 'लाउंज रूम' के रूप में इस्तेमाल होता है।

दृश्य—बायाँ कमरा

समय—प्रातः काल, 9 - 10 बजे।

[ब्रह्मानन्द अपने बदन पर विलायती से तेल-मालिश करवा रहे हैं। वह केवल घुटनों तक नीचा लाईनदार जाँधिया पहने है। पास ही उनकी जेबदार बनियान रखी है। बदन की मालिश करने के बाद, विलायती उनके बालों में तेल-मालिश करता है।]

ब्रह्मा : यह चीप साहिबा कहाँ गयी हैं?

विलायती : वह ज़माने ही कुछ और थे हुज़ूर। राजे, महाराजे, नवाब, ताल्लुक़ेदार वह शानो-शौक़त, वह दरियादिली—

ब्रह्मा : तुम्हें कुछ मालूम है...?

विलायती : राजा साहब ताँबागढ़ ने मोटर को जंज़ीर में लपेटकर खूँटे से बँधवा दिया। आप पूछिए—क्यों?

ब्रह्मा : नहीं पूछते।

विलायती : आप फिर भी जानना चाहेंगे। राजा साहब बोले—हमारे बुज़ुर्गों ने हमेशा सवारी को खूँटे से बाँधकर रखा—चाहे वह हाथी हो या घोड़ा। हम इस ख़ानदानी रिवाज़ को, राजसी दस्तूर को तोड़ नहीं सकते और मोटर को खूँटे से बाँध दिया। है न राजाओं वाली बात!

ब्रह्मा : अबे राजा की औलाद, साले हम तुमसे कुछ पूछ रहे हैं—

विलायती : आप?

ब्रह्मा : एक तू है जो अपनी ही धाँगे चला जा रहा है। सुनता ही नहीं।

विलायती : सुनूँगा हुज़ूर, ज़रूर सुनूँगा।

ब्रह्मा : चीप साहिबा कहीं बाहर गयी हैं?

विलायती : बाहर तो बेशक गयी हैं। मैंने इस दरवाज़े से जाते देखा है।

ब्रह्मा : अबे हरामी के पिल्ले, बहुत अक़्लमन्द बनने की ज़रूरत नहीं।

विलायती : आपकी क़सम, मैं नहीं जानता कहाँ गयी हैं।

ब्रह्मा : क़सम खाने को मैं ही बचा हूँ।

विलायती : बाप की क़सम। मैं नहीं जानता

ब्रह्मा : झूठी क़सम खाने के लिए मैं—या तेरा मरा बाप। अरे मैं सब समझता हूँ—

विलायती : गुस्ताख़ी माफ़ हो हुज़ूर, तो एक बात अर्ज़ करूँ।

ब्रह्मा : **(रुककर)** अच्छा, कहो।

विलायती : आप बिल्कुल नवाब पाँचताल की तरह हैं।

ब्रह्मा : मैं और नवाब पाँचताल। साले बेवकूफ बनाने को मैं ही...

विलायती : आपकी क़सम...मतलब बाप की क़सम।

ब्रह्मा : कहाँ मैं और कहाँ नवाब पाँचताल।

विलायती : ये बात तो सही है हुज़ूर। कहाँ आप, कहाँ नवाब पाँचताल। वह एकदम गोरे भभूक और आप!...हें... हें...**(सर की मालिश करते हुए ताली बजाता है)** वह ऐसे मोटे ताज़े तन्दुरुस्त और आप, हें हें...वह सरो जैसे लम्बे और आप, हें हें...वह ऐसे सुन्दर शकील और आप...हें...हें...

ब्रह्मा : सब...हें...हें। तब मिलता क्या है?

विलायती : दिल। अगर दिल मिल जाये तो सब मिल जाये। लैला मजनूँ का दिल ही तो मिला था।

ब्रह्मा : लैला मजनूँ का दिल मिला होगा। मेरा नवाब का दिल नहीं मिला। मैंने तो साले को देखा भी नहीं।

विलायती : मेरा मतलब है आप दोनों की तबीयत एक-सी है। वही कुशादा दिल, वही खुला हाथ, जहाँ एक की ज़रूरत हुई दस फेंक दिये। आप दोनों ही तो पैसे को हाथ का मैल समझते हैं।

ब्रह्मा : अब समझा, तेरी हथेली खुजा रही है।

विलायती : नवाब साहब के हरम में चार सौ इक्यावन बेगमें थीं।

ब्रह्मा : सिर्फ़ चार सौ इक्यावन?

विलायती : वह तो पूरा हज़ार करना चाहते थे, लेकिन किसी ज्योतिषी ने बताया—451 का नम्बर उनके लिए भागवान है, बस इसीलिए रुक गये इस पर।

ब्रह्मा : मेरे तो सिर्फ़ एक है, **(रुककर)** वह भी साली नहीं के बराबर।

विलायती : हुआ ऐसा कि हरम में दस-बारह लड़के घुस गये।

ब्रह्मा : लड़के?

विलायती : घुस क्या गये, घुसाये गये। बेगमों ने चौकीदारों को रुपये दिये—अपने गहने कंगन उतारकर दिये—वह ठहरे हिजड़े, उनका क्या ईमान! घुसा दिये। 18-20 साल के नौजवान, औरतों के भेस में।

ब्रह्मा : पकड़े नहीं गये?

विलायती : पकड़े कैसे जाते? 451 औरतों में भेस बदले आठ-दस आदमियों का पता कैसे चलता?

ब्रह्मा : तो क्या हुआ?

विलायती : उस साल दूसरे सालों के मुक़ाबले पाँच गुनी बेगमों के हमल रहा। हकीमों ने बताया कि यह उनके नुस्ख़ों का नतीजा है। नवाब साहब ख़ुश।

ब्रह्मा : तो?

विलायती : मेरा माथा ठनका। मैं ठहरा नवाब का ख़ादिमे ख़ास, जैसे आपका हूँ। ऐसे ही नवाब के तेल-मालिश कर रहा था—तो मैंने उनसे कह दिया—गुस्ताख़ी माफ़ हुज़ूर, मुझे तो दाल में कुछ काला लगता है। इसकी जाँच होनी चाहिए। वह बोले—क्या किया जाये? मैंने कहा—रजिस्टर रखा जाये। जिस रात को हुज़ूर जिस बेगम के पास

जायें उसकी तफ़सील दर्ज हो और जब किसी बेगम के हमल ठहरे तो मिलाया जाये। बात जँच गयी नवाब को।

ब्रह्मा : फिर क्या हुआ?

विलायती : हिजड़ों ने रजिस्टर बदलने शुरू कर दिये। जिस बेगम के भी पैर भारी होते, उसी के साथ नवाब की सोहबत पिछली तारीख़ों में रजिस्टर में दर्ज कर देते।

ब्रह्मा : तो?

विलायती : मैं नवाब का ख़ादिमे-ख़ास। जिसका नमक खाता हूँ, हलाल करता हूँ। मैंने नवाब को बता दिया, क्या गड़बड़ी हो रही है। नवाब ने हिजड़ों को बुलाया। उन्होंने कहा, क्या सबूत है कि रजिस्टर बदला गया है। नवाब ने मेरी तरफ़ देखा।

ब्रह्मा : तुमने क्या कहा?

विलायती : मैंने असली पुराना रजिस्टर पेश कर दिया। सालों की गर्दनें गयीं और नवाब ने मुझे 10,000 रुपये इनाम दिये।

ब्रह्मा : कमाल है। तुमको पुराना रजिस्टर कैसे मिला?

विलायती : मिलता कैसे नहीं। नवाब का ख़ादिमे-ख़ास था, जैसे आपका हूँ। नमक-हलाल करने के लिए कुछ भी करना पड़े, करता हूँ। जैसे आप ही चाहें तो लिखा सबूत पेश कर सकता हूँ—मेम साहिबा कहाँ गयी हैं, किसके लिए गयी हैं, कौन आ रहा है—वग़ैरा-वग़ैरा...

ब्रह्मा : **(आश्चर्य मिश्रित प्रसन्नता से)** तो तुम जानते हो?

विलायती : जानता ही नहीं, लिखा सबूत है, आपके ख़ादिमे-ख़ास के पास।

ब्रह्मा : **(बनियान की जेब से दस रुपया निकालकर)** यह लो।

विलायती : लिखे सबूत के लिए सिर्फ दस रुपया। नवाब पाँचताल एक रुपये के लिए 100 रुपये लुटाते थे।

ब्रह्मा : मैं नवाब नहीं हूँ।

विलायती : आप हज़ार रुपये की जगह दस रुपया दिखाते हैं।

ब्रह्मा : कहा न, वह नवाब पाँचताल थे। मैं तो तीनताल भी नहीं हूँ।

विलायती : रहने दीजिए साहब। ऐसे दस रुपया दिखाने से आपके ख़ादिमे ख़ास की तौहीन हो रही है।

ब्रह्मा : **(खुशामद से)** तू बड़ा पाजी है।

विलायती : आपके आगे तो ख़ादिम कुछ भी नहीं है।

ब्रह्मा : यह लो पचास रुपये और—अब इससे ज्यादा मैं और नहीं दे सकता।

दिखा तेरे पास क्या है?

विलायती : (**रुपया लेकर**) आपका ख़ादिमे-ख़ास न होता, वफ़ादारी की आदत न होती, नमक-हलाली की लत न होती, तो दूसरों के ख़त चुराने का काम न करता? ख़ैर लीजिए, आपके लिए यह गुनाह भी सही। (**जेब से निकालकर ब्रह्मानन्द को खत देता है।**)

ब्रह्मा : (**खत पढ़ते हुए**)

प्रिय लज्जावती,

पिछली गर्मियों में नैनीताल में मुलाकात हुई थी—स्कूल छोड़ने के बरसों बाद। तूने मुझे कसम दिलायी थी कि अगर मैं दिल्ली आऊँ तो तेरे यहाँ ठहरूँ। मैं तो नहीं आ सकती। लेकिन मेरा लड़का दिल्ली आई. ए. एस. के इण्टरव्यू के लिए तैयारी करने जा रहा है। वह तुम्हारे यहाँ 10-15 दिन ठहरेगा। इस इतवार को दस बजे मुरादाबाद दिल्ली एक्सप्रेस से दिल्ली पहुँच जायेगा। वह दिल्ली पहली बार जा रहा है। बेहतर हो, अगर तुम स्टेशन पर उसे अपने साथ ले जाओ।

तुम्हारी सखी

कमला

(**पत्र पढ़कर**) तो चीप साहिबा स्टेशन गयी हैं। इसीलिए बनठन रही थीं—(**नफ़रत से**) ऊँह!

विलायती : एक चिट्ठी और हुज़ूर! (**जेब से निकालकर चिट्ठी दिखाता है**) छोटी चिट्ठी है—सिर्फ बीस रुपये।

ब्रह्मा : बड़ा पाजी है।

विलायती : आपके आगे तो ख़ादिम कुछ भी नहीं है।

ब्रह्मा : यह लो दस रुपया। (**रुपया देकर चिट्ठी ले लेता है। फिर चिट्ठी पढ़ता है।**)

आदरणीय मौसी जी!

माँ का हुक्म है, इसीलिए 10-15 दिन आपके यहाँ रहूँगा। आपको असुविधा तो अवश्य होगी। आशा है आप इसके लिए क्षमा करेंगी। (**रुककर**) क्यों नहीं क्षमा करेंगी। चीप साहिबा बड़ी रहम दिल हैं, नौजवानों के लिए (**फिर पढ़ते हुए**) मैं इतवार को मुरादाबाद-दिल्ली एक्सप्रेस से दिल्ली पहुँच रहा हूँ। सादर आपका—रोहित। (**जैसे मुँह का स्वाद कड़वा हो गया।**)

विलायती : है न हुज़ूर, लाख रुपये का ख़त। (**चिट्ठी उठाकर जेब में रखता है।**)

ब्रह्मा : जरा बीड़ी तो उठा दे।

(विलायती कोने में रखे बक्स से निकालकर बीड़ी देता है)

ब्रह्मा : इसे क्या अपने दिल से जलाऊँ? माचिस तो उठा दे।

(विलायती दियासलाई उठाकर देता है। बीड़ी जलाकर ब्रह्मानन्द एक दो कश लेता है।)

विलायती : वफ़ादारी तो मेरे ख़ून में है, इसीलिए तो नवाब पाँचताल और राजा ताँबागढ़ का ख़ादिमे-ख़ास था।

(बाहर से हाथ में एक बेग लिए लज्जावती का प्रवेश)

लज्जा : विलायती, बाहर कार से सामान ले आओ। **(दायें कमरे में जाती है। वहाँ बैग रखकर, कमरे की कुर्सी, बिस्तर इत्यादि को तरतीब से करती है।)**

(विलायती बाहर जाता है। बीड़ी फूँकता ब्रह्मानन्द उठ खड़ा होता है। बाहर से रेखा और रोहित का प्रवेश)।

रेखा : ये हमारे पिताजी हैं और पिताजी ये...

ब्रह्मा : **(रोहित को ऊपर से नीचे तक घूरते हुए)** मैं जानता हूँ इनको—सादर आपका!

रेखा : आप जानते हैं? इनका नाम...इनका नाम है...

ब्रह्मा : रोहित। **(रोहित नमस्ते करता है)** ये आई. ए. एस. की तैयारी के लिए दिल्ली आये हैं।

रेखा : आपको कैसे मालूम?

ब्रह्मा : ब्रह्मानन्द मेरा नाम है। मुझे बड़ा ज्ञान है। **(रोहित से)** आजकल बहुत से लड़के आई.ए.एस. में बस यों ही बैठ जाते हैं—रौब डालने के लिए—अच्छे घर शादी करने के चक्कर में।

लज्जा : **(बीच के दरवाजे में आकर चीखती-सी हुई)** रेखा, क्या खड़ी-खड़ी बकवास कर रही हो!

रेखा : **(घबराकर)** आओ, रोहित तुम्हारा कमरा दिखा दूँ। **(रोहित को बाँह से पकड़कर, जल्दी से दायें कमरे में ले जाती है।)**

ब्रह्मा : स्साला, सादर आपका। **(बैठकर बीड़ी फूँकता है।)**

(विलायती बाहर से सामान लादकर दायें कमरे में ले जाता है।)

दृश्य–दायाँ कमरा

लज्जा : यह कमरा तुम्हारे लिए है। बहुत अच्छा तो नहीं...

रोहित : क्या कहती हैं आप! बहुत अच्छा है। मुझे तो इससे अच्छा कमरा चाहिए भी नहीं।

लज्जा : यह कमरा घर के और कमरों से अलग है–तुम बिना किसी डिस्टर्वेन्स के इसमें पढ़ सकते हो। बस मैं ही कभी-कभी आऊँगी। आ सकती हूँ?

रोहित : (**शरमाकर**) क्यों नहीं...आपका घर है।

लज्जा : अरे खड़े क्यों हो, बैठ जाओ।

रोहित : आप तो बैठिए।

लज्जा : ओफ़ ओह! जब तक मैं नहीं बैठूँगी, तुम नहीं बैठोगे। लो बाबा, बैठ ही जाती हूँ। अब तो बैठो। (**रोहित बैठ जाता है।**)

(**ड्रेसिंग रूम में सामान रखकर विलायती बायें कमरे में बीच के दरवाजे के पास वह ऐसा खड़ा हो जाता है जैसे दाँयें कमरे की बात सुनना चाहता हो।**)

लज्जा : कमला कैसी है?

रोहित : अच्छी हैं। आपसे नमस्ते कहा है।

लज्जा : और तुम्हारे पिताजी?

रोहित : वह भी अच्छे है। आपसे नमस्ते कहा है।

लज्जा : मुरादाबाद में तुम्हारा मकान तो बहुत बड़ा है। कोठी क्या, अच्छा ख़ासा महल है। उसके मुक़ाबले में यह छोटा-सा मकान–तुम्हें तकलीफ़ तो ज़रूर–

रोहित : (**बात काटकर**) मौसी जी, आप भी क्या बात करती हैं–कहा न, मेरे लिए बहुत ठीक है।

लज्जा : देखो रोहित, मुझे यह 'मौसी जी' पसन्द नहीं है।

रोहित : (**विमूढ़-सा**) जी?

लज्जा : मौसी जी, सुनकर ऐसा लगता है जैसे मैं बूढ़ी हो गयी हूँ। क्या मैं बूढ़ी हो गयी हूँ?

रोहित : (**संकोचवश**) नहीं तो–।

लज्जा : फिर मुझे मौसी जी क्यों कहते हो?

रोहित : (**अबोधता से**) तो क्या कहूँ?

लज्जा : मेरा नाम लज्जावती है। मेरे सब मित्र मुझे लज्जा कहते हैं। तुम मुझे लज्जा कहा करो।

रोहित : लेकिन मैं तो...

रेखा : **(बात काटते हुए)** मित्र नहीं हूँ। ममी ये कह रहे हैं...मैं तो आपका मित्र नहीं हूँ।

(रोहित चुप रहता है)

लज्जा : तो क्या शत्रु हो? बताओ न, क्या तुम मेरे शत्रु हो?

रोहित : **(तत्परता से)** जी नहीं।

लज्जा : शत्रु नहीं हो तो मित्र हो। आज से तुम मुझे लज्जा कहोगे। **(स्वर बदलकर)** बैठी बातें कर रही हूँ। सफ़र की थकान होगी। एक कप चाय पिओ। फिर नहा-धोकर तैयार हो जाओ। एक साथ ब्रेकफ़ास्ट लेंगे। रेखा, विलायती से कह दो, चाय दे जाये।

(रेखा बीच के दरवाजे पर जाती है, वहाँ विलायती को खड़ा देखती है)

दृश्य–बायाँ कमरा

रेखा : विलायती, तीन कप चाय बनाकर लाओ।

विलायती : अभी लीजिए।

ब्रह्मा : **(गरजते हुए)** नहीं, पहले मेरे नहाने के लिए पानी लगाओ।

विलायती : पहले पानी ही लगाता हूँ। **(भीतर जाता है)**

(रेखा बीच के दरवाजे से लौटती है। ब्रह्मानन्द की आवाज लज्जावती को भी सुनायी पड़ जाती है।)

दृश्य–दायाँ कमरा

लज्जा : **(अचानक उठते हुए)** मैं ही चाय लाती हूँ।

(पीछे के द्वार से अन्दर जाती है। लज्जा के उठने पर रोहित भी खड़ा हो गया था।)

रेखा : **(रोहित को निगाह भर देख कर)** क्या अब आप मेरे आदर में खड़े हैं?

रोहित : जी...?

रेखा : मेरे बैठने पर ही बैठेंगे आप?

(झेंपता-सा रोहित एकदम बैठ जाता है)

(बाँयें कमरे में, बाबू जी तौलिया उठाकर पीछे के कमरे से घर के भीतर जाते हैं।)

(रेखा मुस्कराती हुई रोहित को गौर से देखती है।)

रोहित : अब आप तो बैठिए...

रेखा : अगर नहीं बैठी तो?

रोहित : **(झेंपता-सा)** तो...

रेखा : तो आप खड़े हो जायेंगे। यही न...?

रोहित : देखिए। आप मेरा मज़ाक क्यों बना रही हैं?

रेखा : देखिए आप इतना शरमा क्यों रहे हैं? **(रोहित कुछ क्षण चुप रहता है)** अरे वाह, आप तो शर्म से लाल हुए जा रहे हैं।

रोहित : किसी को तो शर्म आये।

रेखा : कमाल है...आप तो लड़कियों की तरह शर्माते हैं।

रोहित : जब लड़कियाँ लड़कों की तरह बेशर्म हो जायें...

रेखा : आप कहाँ से आ रहे हैं?

रोहित : मुरादाबाद

रेखा : **(शैतानी से, जैसे सुना न हो)** क्या कहा—मुरदाबाद?

रोहित : जी नहीं, मुरादाबाद

रेखा : क्या वहाँ सब मुर्दे ही आबाद हैं...?

रोहित : क्या मैं आपको मुरदा दीखता हूँ?

रेखा : 'दिस इज़ नॉट इन द गेम।'

रोहित : मैं 'गेम्स' बिल्कुल नहीं जानता।

रेखा : अनाड़ी?

रोहित : एकदम अनाड़ी।

रेखा : मु...र...दा...बा...द।

रोहित : आप क्या कर रही हैं आजकल?

रेखा : एक अनाड़ी को खेल के क़ायदे बता रही हूँ।

रोहित : वह तो ठीक है, लेकिन **(रुककर)** मेरा मतलब है—आप आजकल क्या कर रही हैं? पढ़ रही हैं?

रेखा : नहीं।

रोहित : नौकरी कर रही हैं।

रेखा : नहीं।

रोहित : तो?

रेखा : रिसर्च कर रही हूँ। पालिटिक्स में एम. ए. किया है—

रोहित : नेता बनने का इरादा है?

रेखा : पॉलिटिकल साइंस में। पॉलिटिक्स में नहीं। और आप?

रोहित : जी मैं...

रेखा : इतना तो जानती हूँ, आपने आई. ए. एस. में 'क्वालीफ़ाई' कर लिया है। एम.ए. किस विषय में किया?

रोहित : मैंने एम.ए. नहीं किया। बी.ए. भी नहीं।

रेखा : तो क्या सिर्फ़ हायर सैकेण्डरी तक?

रोहित : जी हाँ, सिर्फ हायर सैकेण्डरी तक पढ़ा हूँ।

रेखा : लेकिन आई.ए.एस. के लिए तो ग्रेजुएशन ज़रूरी है।

रोहित : इंजीनियरिंग में ग्रेजुएशन किया है।

रेखा : तो आप इंजीनियर हैं? **(रुककर)** फिर यह आई.ए.एस?

रोहित : पिताजी वकील हैं। काफ़ी नाम है, काफ़ी कमाया भी है। लेकिन ज़िन्दगी-भर कुर्सी को—'हुज़ूर, योर आनर' कहते-कहते...उनका अरमान है कि उस कुर्सी पर उनका बेटा बैठे।

रेखा : बड़े लायक़ बेटे हैं आप।

रोहित : देखिए लिखकर दे दीजिए। सनद रहेगी। वक़्त ज़रूरत काम आयेगी।

रेखा : **(अतिरंजित आश्चर्य से)** मु-र-दा-बा-द! आप तो मज़ाक भी करते हैं?

रोहित : बात यह है कि मेरे कोई बहन नहीं—चचेरी बहन भी नहीं। इंजीनियरिंग कॉलेज गया, वहाँ भी लड़कियाँ नहीं—इसलिए लड़कियों से घबराता हूँ। अगर किसी लड़की के साथ अकेला पड़ जाऊँ, तो हाथ-पैर फूल जाते हैं।

(रेखा हँसने लगती है)

रेखा : हँसिए मत। **(रेखा और हँसती है)** हँसिए मत। **(अपील से)** हँसिए मत। **(क्रोध से)** हँसो मत।

रोहित : **(आमोद से)** मु...रा...दा...बा...द!

(एक ट्रे में दो कप चाय लिए लज्जा का प्रवेश। लज्जा को देखकर रोहित खड़ा हो जाता है।)

लज्जा : **(रेखा से, थोड़ी सख्ती से)** रेखा, तुम नाश्ते का इन्तजाम करो। मैं इनको देख लूँगी। **(रेखा का बायें कमरे में होते हुए घर के भीतर प्रस्थान)**

लज्जा : **(रोहित से)** अरे भाई बैठो न। **(रोहित बैठ जाता है। लज्जा से चाय लेता है।)**

लज्जा : यह मकान बहुत अच्छा तो नहीं...

रोहित : आप फिर वही कह रही हैं। मेरे लिए यह कमरा बिल्कुल ठीक है। मुझे इससे ज़्यादा कुछ चाहिए भी नहीं। आप इस बारे में नाहक़ परेशान हो रही हैं मौसी जी!

लज्जा : फिर मौसी जी?

रोहित : **(शरमाकर)** मेरा मतलब है—लज्जा जी

लज्जा : **(दोहराते हुए)** लज्जा जी। क्या इस 'जी' के बिना काम नहीं चल सकता?

रोहित : मेरे लिए बहुत मुश्किल लगता है।

लज्जा : मेरी एक 'अमेरिकन फ़ैमिली' से जान-पहचान है—वह तो सब एक दूसरे का नाम लेते हैं,...पहला नाम—क्रिश्चियन नेम। छोटे-बड़े का कोई फ़र्क़ नहीं। कितना अच्छा लगता है सुनकर। लगता है सब एक दूसरे के निकट हैं।

रोहित : कहाँ अमेरिका, कहाँ मुरादाबाद...

लज्जा : कल रात मुझे नींद नहीं आयी। न जाने क्या हो जाता है मुझे कभी-कभी। चार बजे के क़रीब आँख लगी होगी। इसीलिए साढ़े आठ बजे तक सोती रही। जागने पर हड़बड़ाकर स्टेशन के लिए भागी। जल्दी में ठीक से कपड़े भी नहीं पहन सकी। जो मिला वही बदन पर डाल लिया।

रोहित : **(अबोधता से)** ठीक तो है।

लज्जा : यह ठीक है? ब्लाउज़ किस रंग का! साड़ी किस रंग की!

रोहित : इसमें क्या ख़राबी है?

लज्जा : मैं तो सिर्फ "मैचिंग कलर्स" ही पहनती हूँ। कपड़ा तो सभी पहनते हैं, लेकिन ज़रा सलीके से पहनने से बात कुछ और ही बनती है। मुझे तो आज बड़ा अटपटा लग रहा है। यह साड़ी ब्लाउज़। जल्दी में बाल तक नहीं काढ़ सकी। कैसी लग रही हूँ मैं?
(रोहित की समझ में नहीं आता कि क्या उत्तर दे)

लज्जा : एकदम फूहड़-सी, बाल बिखरे!

रोहित : नहीं तो।

लज्जा : तो...**(रुककर)** तो कैसी लग रही हूँ?

रोहित : मेरा मतलब है...मेरा मतलब है...

लज्जा : अच्छी लग रही हूँ...यही कहना चाहते हो? **(रोहित शरमा जाता है)** तो फिर कहते क्यों नहीं? अपनी तारीफ़ सुनना किसे अच्छा नहीं लगता। भाई मैं तो इन्फ़ॉर्मल हूँ। इतने दिन तुम्हें यहाँ रहना है—इनफ़ॉर्मल तो होना ही पड़ेगा।

रोहित : मम्मी आपकी बहुत तारीफ़ करती हैं। कहती हैं, आप स्कूल में उन सबकी लीडर हुआ करती थीं। 'टीचर्स' से बिल्कुल भी नहीं डरती थीं।

लज्जा : और क्या बताया?

रोहित : यही कि आप गाना बहुत अच्छा गाती हैं। हर चीज़ में आगे—चाहे वह डिबेट हो, चाहे दौड़, चाहे पेण्टिंग।

लज्जा : सारे शौक़ एक साथ ही ख़त्म हो गये। सब कुछ ख़त्म हो गया।

रोहित : कैसे?

लज्जा : बाबूजी को बिज़नेस में घाटा हुआ। सब कुछ अचानक ही मिट्टी हो गया। राजा से रंक हो गये। दोनों वक़्त खाने को मोहताज। मैंने उस साल हाई-स्कूल पास किया था। बाबूजी ने मामाजी की सहायता से शादी कर दी।

रोहित : ओह!

लज्जा : यह एल.डी.सी. थे तब। मैंने 'प्राइवेटली' बी.ए. किया। कार्पोरेशन में नौकरी की, तरक्क़ी की। लेकिन इनको पसन्द नहीं आया कुछ भी।

रोहित : क्यों?

लज्जा : मैं क्या जानूँ। मैंने जो कुछ किया, घर के लिए किया। फिर भी यह नाराज़ हैं। मर्द हैं न, शायद इसीलिए।

रोहित : जी?

लज्जा : बीवी की तरक़्क़ी मर्द से बर्दाश्त नहीं होती।

रोहित : तब ही।

लज्जा : तब ही क्या?

रोहित : **(छिपाता-सा)** कुछ नहीं।

लज्जा : तुम उनके व्यवहार के बारे में कह रहे हो। तुम रहोगे तो सब अपने आप ही पता चल जायेगा। वह मुझसे बोलते नहीं। मेरी कार में नहीं बैठते। अब मैं क्या करूँ। जो है सो है। **(अचानक स्वर बदलकर)** कुछ भी हो, हैं तो वह मेरे पति ही। मैं उनकी बहुत इज़्ज़त करती हूँ। हटाओ इसे, अपने बारे में बताओ।

रोहित : अपने बारे में क्या बताऊँ?

लज्जा : कुछ भी।

रोहित : दिन भर फैक्ट्री में रहता हूँ। मज़दूरों और मशीनों से सर खपाता हूँ। रात को आई. ए. एस. के लिए पढ़ाई करता हूँ।

(नहाने के बाद, कमर पर सिर्फ तौलिया लपेटे, ब्रह्मानन्द का बायें कमरे से होते हुए दायें कमरे में प्रवेश)

ब्रह्मा : **(व्यंग्य से)** तो चाय पी ली गयी?

(लज्जा सख्ती से ब्रह्मानन्द की तरफ देखती है, फिर चाय के प्याले उठाती है)

लज्जा : रोहित, तुम नहाकर तैयार हो जाओ। नाश्ता तैयार है।

(प्रस्थान, बायें कमरे में होते हुए घर के भीतर)

ब्रह्मा : तो 'सादर आपका' इंजीनियर है? **(गौर से देखते हुए)** तेज है।

रोहित : बैठिए।

ब्रह्मा : मुझे बैठने की जरूरत नहीं। मेरा नाम ब्रह्मानन्द है। सूरज के साथ उदय होता हूँ। उसके साथ डूबता हूँ। 'अहम्! ब्रह्मास्मि'। कुछ समझे?

रोहित : **(विमूढ़ता से)** जी?

ब्रह्मा : यह वेदान्त है। इसे चीप साहिबा नहीं समझेंगी। वह माडर्न हैं। तुम भी माडर्न हो?

रोहित : **(कुछ समझकर)** माडर्न तो दिल्ली वाले होते हैं। मैं तो मुरादाबाद का हूँ।

ब्रह्मा : मैं दिल्ली में रहकर भी माडर्न नहीं हुआ। अपनी संस्कृति को नहीं भूला। कमल में जल के समान...

रोहित : **(काटते हुए)** जल में कमल के समान।

ब्रह्मा : मतलब वही। इसे कहते हैं निष्काम कर्म। यही तो वेद है।

रोहित : वेद नहीं गीता।

ब्रह्मा : मतलब वही। दोनों एक ही हैं। **(अचानक स्वर बदलकर)** दिल्ली खराब जगह है। आदमी को आदमी नहीं रहने देती। उसे 'माडर्न' बना देती है।

रोहित : मैं तो थोड़े दिनों के लिए ही आया हूँ।

ब्रह्मा : यहाँ आदमी-आदमी का दुश्मन है। छुरी लिए, घूमता है—एक-दूसरे की गर्दन काटने। बस की धक्का-मुक्की, चीजों की महँगाई, मकानों

के किराये (**रुककर**) मकान के मामले में मैं ही भागवान हूँ। यह मकान देखा–

रोहित : कौन-सा?

ब्रह्मा : यही, जिसमें तुम खड़े हो। हम तुम खड़े हैं। सोचो, इसका क्या किराया होगा?

रोहित : मुझे दिल्ली के किराये का कोई अन्दाज नहीं।

ब्रह्मा : फिर भी सोचो।...सोचो...अच्छा मुरादाबाद में इसका क्या किराया होगा?

रोहित : यही कोई पाँच-सात सौ रुपये।

ब्रह्मा : मगर दिल्ली में सात-आठ हज़ार से कम नहीं होगा। सुना तुमने सात-आठ हज़ार रुपये–(**जोर देकर**) सात-आठ हजार रुपये। ताज्जुब हो रहा है न?

रोहित : (**मन रखने को**) बेशक।

ब्रह्मा : यह मेरे नाम 'अलॉट' है। चिट्ठी में लिखा था–हाउस नं. जे-103, देशबन्धु नगर, नयी दिल्ली-110003, इज अलॉटेड टु श्री ब्रह्मानन्द। (**दोहराते हुए**) श्री ब्रह्मानन्द। और मेरे नाम अलॉट हो गया यह मकान। तुमने देखा, कितनी साफ-सुथरी 'कालोनी' में है। साँस लो।...साँस लो ऐसे (**साँस फेफड़े में भरकर दिखाते हुए**) ऐसे, अब तुम साँस लो–

(रोहित के चेहरे से लगता है–"कहाँ फँस गया।" विवश होकर साँस लेता है)

ब्रह्मा : देखा। ऑक्सीजन ही ऑक्सीजन है। क्या मजाल है कोई बीमारी हो जाये। शहर में, गली-कूचे में तो टी.बी. हो जाये। किधर से आये ऑक्सीजन? (**अचानक**) यह खिड़की देखो। इधर से आयी आक्सीजन और इस दरवाजे से निकल गयी। इसे कहते हैं 'क्रॉस-वेन्टीलेशन'। तुम्हारे मुरादाबाद के मकानों में है यह?

रोहित : (**खुश करने को**) वह दिल्ली का मुक़ाबला तो नहीं कर सकते।

ब्रह्मा : यहाँ आते समय घर के बाहर खाली जगह देखी होगी। कम से कम, एक-दो एकड़ तो होगी। 15-20 क्वार्टरों के बीच में है। चाहे लड़के खेलें, भागें दौड़ें। फुटबाल-हॉकी खेलें। बरात का शामियाना लगाओ। हजार दो हजार आदमी खिलाओ। भला सोच सकते हो दिल्ली में इतनी खुली जगह (**रोहित उत्तर नहीं देता**) नहीं न? नहीं न?

रोहित : (**विवश होकर**) नहीं।

ब्रह्मा : (**खिड़की के निकट जाकर**) यहाँ आओ। यहाँ आओ—(**रोहित को अपने निकट घसीटकर**) कितनी बड़ी खिड़की है। मन न लगे तो खिड़की के बाहर देखते रहो। आते-जाते लोगों को देखकर ही लग जायेगा।

रोहित : मेरा मन तो नीला आसमान देखकर ही लग जाता है।

ब्रह्मा : साले आसमान में क्या रखा है। रौनक देखो सड़क पर, चलती-फिरती। मुरादाबाद में देखने को नहीं मिलेगी। (**थोड़ी सख़्ती से**) चीप साहिबा ने क्या बताया?

रोहित : चीप साहिबा?

ब्रह्मा : वही तुम्हारी मौसी जी ने?

रोहित : किसके बारे में?

ब्रह्मा : मकान के बारे में।

रोहित : कौन से?

ब्रह्मा : इसी मकान के बारे में?

रोहित : कुछ भी नहीं।

ब्रह्मा : यह मकान उनको नहीं, मुझे अलॉट है। (**गर्व से**) मुझे।

रोहित : (**समझकर**) बहुत बढ़िया मकान है। बहुत ही बढ़िया। इतना शानदार खुला-खुला, ख़ूब धूप आती है...और ऑक्सीजन भी। ऑक्सीजन ही ऑक्सीजन।

ब्रह्मा : (**पिघलकर**) सादर आपका, तुम आदमी तो अच्छे लगते हो। दरअसल, इस मकान को पाने में मुझे बड़ी अक्ल लड़ानी पड़ी।

रोहित : अच्छा।

ब्रह्मा : क्या ऐसे ही मकान मिल जाता है। यहाँ तो लाइन लगी है। आदमी रिटायर होकर निगम बोध घाट तक पहुँच जाता है, तब नम्बर आता है मकान का। मैं भी कम तिकड़मी नहीं। दरअसल, डीलिंग बाबू, मेरा रिश्तेदार लगता था, कुछ रिश्तेदारी मैंने निकाल ली। उसकी सलाह पर एक मैडिकल सर्टिफिकेट लगाया बीमारी का—सौ रुपये में मिल गया था—बस अलाट हो गया यह मकान।

रोहित : आप बहुत अक़्लमन्द हैं।

ब्रह्मा : तुम्हें पता है, मैं गजटेड ऑफिसर हूँ?

रोहित : अच्छा।

ब्रह्मा : गजटेड ऑफिसर यानी वह जिसका नाम गजट में छपे। तुम सोचते होंगे—नाम गजट में छपने से क्या हुआ। अरे तब ही तो गजटेड होते हैं। चीप साहिबा गजटेड ऑफिसर नहीं है। अरे, चुंगी की नौकरी में अफसर थोड़े ही होते हैं। वह तो—

(रेखा का तौलिया लिए प्रवेश)

रेखा : **(रोहित से)** जाइए—नहाकर तैयार हो जाइए।

ब्रह्मा : जल्दी क्या है?

रेखा : नाश्ता मेज़ पर लग गया है **(जोर देकर)** जाइए न। **(ब्रह्मानन्द से छिपाकर रोहित को इशारा करते हुए)** जाइए।

रोहित : **(रोब से तौलिया लेकर)** बाबूजी, बस पाँच मिनट में नहाकर आया। **(हैण्डबैग से गाउन निकालता है)**

ब्रह्मा : चीप साहिबा का हुक्म आया है—कैसे टाल सकोगे, सादर आपका।

रेखा : **(ब्रह्मानन्द की बाँह पकड़कर)** आइए पिताजी, इनको नहाने जाने दीजिए। आइए न।

(ब्रह्मानन्द को रेखा बायें कमरे में लाती है। गाउन और तौलिया लेकर रोहित बाथरूम में जाता है।)

दृश्य—बायाँ कमरा

ब्रह्मा : अरे अरे, तू तो एकदम घसीट लायी।

रेखा : पिताजी, कुछ तो खयाल कीजिए।

ब्रह्मा : **(सख्ती से)** खयाल?

रेखा : वह क्या कहेगा?

ब्रह्मा : उसके कहने की परवाह करते हैं?

रेखा : बात ही करनी थी, तो कपड़े पहन के बात कर सकते थे।

ब्रह्मा : यह मेरा घर है। जिस तरह मेरा मन होगा, मैं रहूँगा।

रेखा : प्लीज़ पिताजी।

ब्रह्मा : जो मेरे घर में रहना चाहे रहे। न रहना चाहे न रहे। हम किसी के हाथ जोड़कर बुलाने तो नहीं गये थे।

रेखा : प्लीज़, धीरे बोलिए पिताजी।

ब्रह्मा : मैं उससे डरता नहीं।

रेखा : आप कपड़े पहन लीजिए।

ब्रह्मा : यह चीप साहिबा ने कहलवाया होगा?

रेखा : नहीं।

ब्रह्मा : उनकी बेइज्जती हो रही है। **(नकल करते हुए)** 'तुम्हारी कमला'–ऊँह। **(स्वर बदलकर)** उनकी सखी का बेटा है--स्साला! सादर आपका!

रेखा : पिताजी, मैं हाथ जोड़ती हूँ।

ब्रह्मा : ठीक है। विलायती को भेज दे।

रेखा : लेकिन–पिताजी,–

ब्रह्मा : **(बात काटते हुए)** हाँ, हाँ मैं कपड़े पहन लूँगा। विलायती को भेज दे।

(रेखा अन्दर जाती है)

(ब्रह्मानन्द बनियान और कुर्ता पहनता है। विलायती का भीतर से प्रवेश)

ब्रह्मा : विलायती जरा पायजामे में नाड़ा तो डाल। **(पायजामा और नाड़ा देता है)**

(विलायती अपनी जेब से फाउनटेन पेन निकालकर उसकी सहायता से नाड़ा डालता है।)

ब्रह्मा : बहुत खुश है न?

विलायती : आप तो जानते ही हैं।

ब्रह्मा : नाश्ते में क्या बना है?

विलायती : मूँग की दाल का हलवा, बेसन की पकौड़ी, आलू की टिक्की, इसके अलावा टोस्ट, मक्खन, अंडा वगैरा भी है।

ब्रह्मा : स्साले की दावत हो रही है?

विलायती : सहेली का बेटा है।

ब्रह्मा : नौजवान है।

विलायती : रेखा बेटी के साथ जोड़ी अच्छी रहेगी।

ब्रह्मा : कोई जोड़ी मिलाने दे तो जोड़ी बने। यहाँ तो सब 'माडर्न' हैं। आजाद हैं। मेरा बस चलता तो पाँच साल पहले ही उसके हाथ पीले कर देता।

विलायती : ये लीजिए।

(ब्रह्मानन्द विलायती से पायजामा लेकर पहनता है।)

ब्रह्मा : अब बन गया मैं शरीफ आदमी।

विलायती : आपके लिए चाय नाश्ता यहीं लाता हूँ। **(ब्रह्मानन्द की उतारी तौलिया लेकर अन्दर प्रस्थान)**

(बक्स से कंघा निकालकर बाल काढ़ता है। फिर सब सामान बक्स में रखकर दायें कमरे में जाता है।)

दृश्य—दायाँ कमरा

(दायें कमरे में इधर-उधर घूमता है। फिर खिड़की के बाहर देखता हुआ खड़ा होता है। तब ही केवल गाउन पहने रोहित बाथरूम से बाहर निकलता है।)

ब्रह्मा : अब मैं शरीफ आदमी लगता हूँ?

रोहित : **(नासमझी में)** बिल्कुल...

ब्रह्मा : इस घर में तौलिया पहनने से चीप साहिबा की बेइज्जती होती है। चूँकि गाउन माडर्न है इसीलिए किसी की बेइज्जती नहीं होती, हालाँकि मैं जानता हूँ, तुम गाउन के भीतर नंगे हो।

रोहित : **(झेंपकर, गाउन को लपेटते हुए)** जी!

ब्रह्मा : **(नाटकीयता से, हाथ जोड़कर झुकता हुआ)** माडर्निज्म तुझे नमस्कार है।

(अन्तराल-अन्धकार)

दृश्य—बायाँ कमरा

समय—पाँच छः दिन बाद सायंकाल

(बाहर दरवाजे पर दस्तक, या बाहर से किसी के घण्टी बजाने की आवाज। भीतर से निकलकर रेखा दरवाजा खोलती है। गोपाल कृष्ण का प्रवेश। गोपाल कृष्ण घुसते ही रेखा को अपनी बाहों में लेता है। गोपाल कृष्ण, ब्रह्मानन्द की उम्र का है। पहनावे में और उसके रख-रखाव में बढ़ती उम्र से लड़ाई स्पष्ट झलकती है।)

गोपाल : **(रेखा को बांहों में लेते हुए)** हलो रेखा!

रेखा : ओह अंकल। **(एकदम अपने को छुड़ाकर भीतर भागते हुए)** पिताजी को बुलाती हूँ।

गोपाल : अरे सुनो तो रेखा!

रेखा : **(रुककर)** जी कहिए?

गोपाल : आज तुम बहुत सुन्दर लग रही हो।

रेखा : आज?

गोपाल : **(झेंपता-सा)** सुन्दर तो तुम हो ही।

रेखा : **(मुड़ते हुए)** पिताजी को बुलाती हूँ।

गोपाल : सुनो तो—

रेखा : **(रुकते हुए)** जी।

गोपाल : तुम्हारी साड़ी बहुत सुन्दर है।

रेखा : शुक्रिया। **(मुड़ने को होती है)**

गोपाल : जाती कहाँ हो? तुम्हारा ब्लाउज साड़ी से बहुत मैच कर रहा है। बहुत सुन्दर है।

रेखा : हद हो गयी अंकल। तुम सुन्दर हो। तुम्हारी साड़ी सुन्दर है। ब्लाउज़ सुन्दर है। अब बचा क्या? लगता है मेरी चप्पलें आपने नहीं देखीं, यह भी बहुत सुन्दर हैं।

(गोपाल कृष्ण हतप्रभ-सा फीकी हँसी हँसता है।)

रेखा : **(बात सँभालने के लिए)** आप बैठिए, पिताजी को बुलाती हूँ। **(घर के भीतर जाने के लिए दरवाजे के पास तक जाती है। वहाँ से अचानक मुड़कर)** मैं तो भूल ही गयी। पिताजी तो अभी तक दफ़्तर से आये नहीं।

गोपाल : अभी तक नहीं आये? लेकिन उन्होंने तो मुझे बुलाया था। हम लोगों का साथ जाने का प्रोग्राम था।

रेखा : तो आप बैठिए। आते ही होंगे। मैं आपके लिए चाय लाती हूँ।

(जैसे पीछा छुड़ाते हुए घर के भीतर जाती है।)

(गोपाल कृष्ण बैठकर सिगरेट सुलगाता है। थोड़ी देर में विलायती का घर के भीतर प्रवेश)

गोपाल : कहो विलायती, क्या हालचाल है?

विलायती : **(फर्श पर बैठते हुए)** हालचाल न पूछो। हाल उतर गयी है। चाल बेढंगी है।

गोपाल : क्या हुआ? लो सिगरेट पिओ।

विलायती : **(सीगरेट लेते हुए)** देसी है। नवाब पाँचताल के यहाँ अंग्रेज़ी फ्रेंच, जर्मन सिगरेट पीता था।

गोपाल : भाड़ में गये, तुम्हारे तीनताल, पाँचताल। कुछ काम की बात बताओ।

विलायती : कल रात मेरे बाप ख़ुदा को प्यारे हो गये। अब उनका किरिया-करम तो करना ही है।

गोपाल : कल रात?

विलायती : हाँ, कल रात।

गोपाल : मगर तुम्हारे बाप बीस-तीस साल पहले मरे थे। तुम्हीं ने तो बताया था।

विलायती : हाँ बताया था।

गोपाल : फिर?

विलायती : कल रात दोबारा मरे। सपने में।

गोपाल : सपने में!

विलायती : (**एकदम काटते हुए**) चाहे सपने में मरे, चाहे सचमुच। किरिया-करम तो करना ही होगा।

गोपाल : (**परिहास में योग देते हुए**) हाँ, हाँ, क्यों नहीं। लायक बेटे हो। कब करोगे किरिया-करम?

विलायती : आज रात।

गोपाल : सपने में?

विलायती : हाँ।

गोपाल : तो जरूर कर डालो किरिया करम। नहीं तो उनकी आत्मा प्रेत-योनि में भटकेगी।

विलायती : किरिया-करम के लिए रक़म चाहिए, रक़म।

गोपाल : सपने में भी?

विलायती : हाँ, सपने में भी। पास में रुपये हों, तो सपने में देख सकता हूँ कि उन्हें ख़र्च कर रहा हूँ। अगर पास में रुपये न हों, तो सपना झूठा नहीं होगा?

गोपाल : (**अनुत्तर-सा, बिना सोचे**) पता नहीं।

विलायती : मैं सपने में भी ऐसा झूठा काम नहीं कर सकता। फिर बाप के किरिया-करम के लिए! आपके पास सौ रुपये हैं?

गोपाल : भाई विलायती, तुम्हारी यह बात पसन्द नहीं आती। सीधी-सी बात के लिए इतनी लम्बी-चौड़ी कहानी! अरे साफ-साफ रुपये क्यों नहीं माँगते?

विलायती : (**अतीत ठण्डेपन से**) क्या मैं भिखमंगा हूँ, जो रुपये माँगू। नहीं देना चाहते तो मत दीजिए।

गोपाल : तुम तो नाराज हो गये।

विलायती : मैं झूठी कहानी कहता हूँ?

गोपाल : बिल्कुल नहीं।

विलायती : (**तत्परता से**) तो लाइए सौ रुपये।

गोपाल : (**रुपये देते हुए**) क्या खबरें हैं?

विलायती : ख़बरें ही ख़बरें हैं। हफ़्ते भर से वह आया है।

गोपाल : सुना तो है। क्या नाम है हरामी का?

विलायती : रोहित।

गोपाल : ब्रह्मानन्द भी गधा है। ऐसे हरामजादे को अपने घर में रहने ही क्यों दे रहा है? रेखा पर डोरे डाल रहा होगा?

विलायती : वह क्या डोरे डालेगा। वह तो एकदम सीधा-सादा गऊ-सा है।

गोपाल : **(आशा से)** अच्छा!

विलायती : रेखा ही उससे चिपटी रहती है।

गोपाल : मुझसे तो अनाड़ी घोड़ी-सी बिदकती है।

विलायती : हर घोड़ी अपने सवार को पहचानती है। फिर उसके दाँत असली हैं। बालों का काला रंग भी असली है।

गोपाल : हरामी है! **(रुककर)** और तुम्हारी मेम साहब?

विलायती : कुछ समझ में नहीं आता, क्या है उनके मन में। आख़िर को उनकी सखी का बेटा है। हो सकता है, रेखा की उससे शादी की सोच रही हों।

गोपाल : शादी?

विलायती : बहुत ख़ातिरदारी करती हैं। दिन रात उसका ध्यान रखती हैं। पैसे वाले घर का है।

गोपाल : तब ही।

विलायती : मुरादाबाद से आया है। उसका बाप वकील है। पाँच, छः दिन हुए आये यहाँ। आठ दस दिन और रहेगा। फिर चला जाएगा।

गोपाल : मैं तो भूल ही गया। तुम्हारी मेम साहब नहीं दिखायी पड़ीं।

विलायती : आज देर से आयेगीं। दफ़्तर में काम है। सुबह ही मुझसे कह गयी थीं।

(रेखा का एक ट्रे में चाय लिए प्रवेश)

रेखा : पता नहीं, पिताजी अब तक क्यों नहीं आये।

गोपाल : तुम भी तो—

रेखा : मैं पी चुकी हूँ।

गोपाल : तो बैठो।

रेखा : **(अनसुनी करके) विलायती**, पिताजी को दफ़्तर में टेलीफोन करके पूछो, कब तक **आयेंगें।** उनसे कहो, अंकल उनका इन्तज़ार कर रहे हैं।

(रेखा का दायें कमरे में प्रस्थान। दायें कमरे में जाकर, वह खिड़की के पास खड़ी होकर बाहर देखती है)

विलायती : नयी उम्र है। पंखो में बहुत ताक़त है। उड़ गयी चिड़िया-सी फुर्र।

गोपाल : एक दिन पंख न काट दिये तो मेरा नाम गोपाल कृष्ण नहीं।

विलायती : अरे छोड़ो यह बेकार की बातें। देखूँ, आपके दोस्त श्रीमान ब्रह्मानन्द जी क्यों नहीं आये।

(अन्दर प्रस्थान)

(गोपाल कृष्ण अकेला चाय पीता रह जाता है। तब ही उसके दिमाग में कोई शैतानी चाल आती है। वह चाय को तश्तरी में उँडेलकर जल्दी-जल्दी पीता है और दाँये कमरे में दबे पाँव जाता है।)

दृश्य—दायाँ कमरा

(गोपाल कृष्ण हल्के कदमों से रेखा के पीछे खड़ा होता है। फिर अचानक उसके चारों ओर बाँह डालकर अपनी ओर दबाता है। रेखा अपनी कोहनी उसके सीने पर मारती है। चोट से कराहता हुआ वह पीछे गिरता है।)

रेखा : अंकल, आप पिताजी के दोस्त हैं। वही रहिए। इससे ज़्यादा कुछ बनने की कोशिश मत कीजिए। अब आप जाइए। **(सख्ती से)** जाइए। **(पीठ मोड़कर खिड़की से बाहर फिर देखने लगती है।)**

(गोपाल कृष्ण कुछ देर तक रेखा को देखता है। फिर बाँयें कमरे में होता हुआ बाहर चला जाता है।)

(घर के भीतर से आकर बाँयें कमरे से होता हुआ, विलायती दायें कमरे में आता है।)

विलायती : बाबूजी, आज रात देर से आयेंगे। पार्लियामेन्ट के किसी सवाल का जवाब भिजवाना है। **(अचानक)** गोपाल बाबू!

रेखा : मर गये।

विलायती : **(अपनी धुन में)** कहाँ गये?

रेखा : जहन्नुम।

(विलायती एक क्षण रेखा को देखता है। उसका क्रोध देखकर विवशता से कंधे हिलाता है। बायें कमरे से होता हुआ घर के भीतर चला जाता है।)

(थोडी देर बाद बाहर से रोहित आता है।)

रोहित : **(ठिठककर)** रेखा तुम?

रेखा : हाँ मैं। क्या चली जाऊँ?

रोहित : नहीं। मेरा मतलब यह नहीं है।

रेखा : तो?

रोहित : तुम्हारे पिता जी व मम्मी कहाँ हैं?

रेखा : मुझसे डर लगता है?

रोहित : नहीं।

रेखा : ममी से?

रोहित : नहीं।

रेखा : तो क्यों इतना डरते हो?

रोहित : अपने लिए नहीं, तुम्हारे लिए डरता हूँ।

रेखा : जब मैं अपने लिए नहीं डरती तो तुम क्यों डरते हो?

रोहित : मैं तो आठ-दस दिन में चला जाऊँगा, लेकिन तुम—

रेखा : चले जाओगे?

रोहित : हाँ।

रेखा : चले जाओगे?

रोहित : **(चुप रहता है।)**

रेखा : चले जाओगे?

रोहित : पता नहीं—शायद।

रेखा : मैं सोच रही हूँ, कितना अन्तर है, तुम दोनों में।

रोहित : तुम दोनों?

रेखा : एक पिताजी के दोस्त हैं गोपाल कृष्ण। मेरे पीछे पड़े हैं। मिलते ही पीठ पर हाथ फेरने लगते हैं। जब देखो तब घूरते रहते हैं।

रोहित : **(विनोद में)** इसका तुम्हें बुरा नहीं मानना चाहिए। वह घूरता है, तो एक तरह से तुम्हारी सुन्दरता की प्रशंसा करता है।

रेखा : हर किसी की प्रशंसा भी तो अच्छी नहीं लगती। उसके घूरने पर मुझे भी तो अच्छा लगना चाहिये। गुस्सा आता है मुझे तो। आज तो हद ही कर दी उसने।

रोहित : क्या हुआ?

रेखा : मैं यहाँ खिड़की के पास खड़ी थी। पीछे से आकर अचानक पकड़ लिया। मैंने उसके सीने में ऐसे जोर से कोहिनी मारी कि दूर जा गिरा। मैंने डाँटा, तो अपना-सा मुँह ले के चला गया। **(घृणा से)** जानते हो, मैं उसको 'अंकल' कहती हूँ।

रोहित : तुम्हारे पिताजी जानते हैं?

रेखा : जानते क्यों नहीं। ऐसे आदमियों की नियत छिपी नहीं रह सकती।

रोहित : फिर भी कुछ नहीं कहते?

रेखा : वह कैसे कहें? उनका एक ही तो दोस्त है—चहेता दोस्त, जो उन्हें हफ्ते में दो-चार बार शराब पिलाता है।

रोहित : ममी?

रेखा : ममी उससे नफ़रत करती हैं। लेकिन क्या करें।

रोहित : पिताजी से कहती क्यों नहीं?

रेखा : पिताजी उनका कहा मानेंगे? फिर तुम तो जानते ही हो, दोनों में बोलचाल बन्द है।

रोहित : कितना अजीब लगता है सुनकर। दोनों एक छत के नीचे रहते हैं।

रेखा : ममी ने इतनी तरक़्क़ी कर ली। कारपोरेशन में वह इतनी ऊँची पोस्ट पर हैं। चीफ़ वैलफेयर ऑफिसर। लोगों में नाम है। इज़्ज़त है। और पिताजी को यह सब बुरा लगता है।

रोहित : हो सकता है।

रेखा : सब मर्द ऐसे ही होते हैं। चाहते हैं औरत उनके पैर की जूती बनी रहे। उनसे छोटी बनी रहे।

रोहित : **(परिहास से)** सब मर्द?

रेखा : हाँ, सब मर्द।

रोहित : **(अर्थपूर्ण स्वर)** सब मर्द?

रेखा : **(टालते** हुए) आज माँ की वजह से घर में कार है। टेलिविज़न है। फ़ोन है। फ्रिज है।

रोहित : क्या यह सब ज़रूरी है?

रेखा : **(बिना समझे)** क्या?

रोहित : इनके बिना भी काम चल सकता है।

रेखा : **(व्यंग्य से)** ठण्डा पानी पीने के लिए क्या पड़ोसी से माँगें? टेलीविज़न देखने के लिए दोस्तों की ख़ुशामद करें?

रोहित : बहुत से लोग इन सबके बिना भी तो रहते हैं। बहुत सुख से रहते हैं

रेखां : **(व्यंग्य से)** मु...रा...दा...बा...द।

रोहित : मुरदाबाद कहो

रेखा : बाबूजी को ज़रा-सा ज़ुकाम हो जाये, तो लिहाफ़ ओढ़कर पड़ जायेंगे। ममी 102 बुख़ार में भी दफ़्तर जाती हैं। आज हम लोग जो हैं, जो

भी है, वह माँ की वजह से हैं।

(रोहित केवल मुस्कराता है।)

रेखा : मेरा या ममी का कोई मिलने वाला आये, तो जानकर सिर्फ़ जाँघिया पहनकर उसके सामने जाते हैं। उसका अपमान करने की कोशिश करते हैं।

रोहित : मुझे लगता है, इसमें तुम्हारी माँ का भी दोष है।

रेखा : **(तैश में)** क्या ज़िन्दगी में तरक़्क़ी करना ग़लती है? क्या सलीके से जीने की कोशिश करना ग़लत है?

रोहित : नहीं।

रेखा : तो?

रोहित : माँ ने तरक़्की के घमण्ड में उनपर अपनी 'सुपीरियारिटी' जतायी होगी। कहीं दोनों में विश्वास की कमी थी। यह तुम्हारी ममी का कर्तव्य था कि वह तरक़्की करते हुए पति-पत्नी का आपसी विश्वास और आदर बनाये रखतीं। उन्हीं की किसी चूक का नतीजा है।

रेखा : **(सोचते हुए)** शायद।

रोहित : अगर मैं तुम्हारे पिता जी की जगह होता तो गोपाल कृष्ण की गर्दन तोड़ देता।

रेखा : मैं अपनी रक्षा ख़ुद कर सकती हूँ।

रोहित : लेकिन तुम्हारे पिताजी यह नहीं कर सकते। वह टूटे हुए व्यक्ति हैं। जब पति अपने घर में मेहमान बना दिया जाये, बाहर के कमरे में रहे, खाये, सोयें, तो उसका घर आने को मन करेगा? वह तो घर के बाहर ही भागेगा। घर के बाहर जो भी उसकी ओर दोस्ती का हाथ बढ़ायेगा, वह उसका ही हो जाएगा। चाहे वह गोपाल कृष्ण सा चालबाज़ मक्कार आदमी ही क्यों न हो।

(रेखा विचारमग्न चुप रहती है। धीरे-धीरे शाम की परछाइयाँ गहरी होने लगती हैं। रात का अंधेरा घिर आता है। खिड़की के बाहर से जलती-बुझती नियोन-लाइट का नीला-लाल प्रकाश बारी-बारी से कमरे में आता है।)

रोहित : अँधेरा हो गया। **(उठकर बत्ती जलाने लगता है।)**

रेखा : लाइट मत जलाओ।

रोहित : लेकिन...।

रेखा : **(आदेश से)** मैं कहती हूँ, बत्ती मत जलाओ।

रोहित : रेखा!

रेखा : **(तीव्र स्वर में)** बत्ती मत जलाओ।

रोहित : अगर तुम्हारे पिताजी, ममी...?

रेखा : आ जाने दो।

रोहित : वह क्या कहेंगे?

रेखा : क्या कहेंगे? **(रुककर)** कहने दो। तुम यहाँ आकर बैठो। **(रोहित कुछ संकोच में, कुछ मन्त्रमुग्ध-सा रेखा के पास बैठ जाता है।)**
(कुछ देर का नीरव मौन)

रोहित : **(धीरे से)** रेखा! रेखा! **(पुकारते हुए)** रेखा!

रेखा : आँ...।

रोहित : क्या सोच रही हो?

रेखा : सोच रही हूँ तुम्हारे बारे में।

रोहित : मेरे बारे में! क्या?

रेखा : गोपाल कृष्ण मुझे अकेला देख इस कमरे में घुस आया और तुम मेरे साथ अकेले नहीं रहना चाहते।
(कुछ देर मौन)

रोहित : रेखा!

रेखा : **(फुसफुसाते हुए)** चुप रहो। बस सुनो।

रोहित : क्या?

रेखा : सन्नाटा। यह चुप्पी। इस सन्नाटे की आवाज़। सब कितना अच्छा लग रहा है। **(आँख बन्द करती है)** जी चाहता है—इसी तरह अँधेरे में बैठी रहूँ चुपचाप।

रोहित : पिताजी, ममी के सामने भी तुम इस तरह मेरे कमरे में आ सकती हो?

रेखा : तुम मुझे चैलेंज दे रहे हो? **(खड़ी होकर लाइट जलाती है।)**

रोहित : नहीं।

रेखा : तुम कितने बजे सोते हो?

रोहित : क्यों?

रेखा : ग्याहर साढ़े ग्यारह? पौने ग्यारह बजे तुम्हें कॉफ़ी देने आऊँगी, यहाँ।

रोहित : मैं तो सोने से पहले कॉफ़ी पीता ही नहीं।

रेखा : बुद्धू। तुम्हें कौन कॉफ़ी पिलाता है। यह तो बहाना है।

रोहित : ओह!

रेखा : **(खड़ी होकर)** बड़ी देर में बात समझते हो मुरादाबाद। **(रोहित की**

टुड्डी को उँगली से उठाते हुए) 'चैलेंज इज़ ए चैलंज।'
(रोहित रेखा को पकड़ने की कोशिश करता है, लेकिन वह हँसती हुई दाहिने कमरे से भाग जाती है।)

दृश्य—बायाँ कमरा

(तभी बाहर के दरवाजे से लज्जा का प्रवेश। दायें कमरे से हँसती भागती आती रेखा को देखकर ठिठक जाती है। दोनों एक दूसरे को क्षण भर देखती खड़ी रहती हैं। रेखा के चेहरे पर अवज्ञा के भाव उभरते हैं।)

अन्तराल-अन्धकार

दृश्य—दायाँ कमरा

समय :– उसी रात, लगभग पौने ग्यारह बजे।
(रोहित बिस्तर में ओढ़े लेटा है। तभी नाइट-गाउन पर काली शाल ओढ़े हाथ में कॉफी की ट्रे लिए रेखा का प्रवेश)

रेखा : आपकी ख़िदमत में कॉफ़ी। **(रोहित बिस्तर पर उठकर बैठ जाता है।)**

रोहित : लेकिन तुमने रेखा—

रेखा : कॉफ़ी पीजिए हुज़ूर। मैंने कहा था, रात पौने ग्यारह बजे आऊँगी। घड़ी मिलाओ। पौने ग्यारह बजा है।

रोहित : देखो, यह ठीक नहीं है।

रेखा : क्या?

रोहित : तुम्हारे पिताजी, ममी क्या कहेंगे?

रेखा : घटिया बात।

रोहित : फिर भी।

रेखा : फिर वही। **(चिढ़ाते हुए)** मुरादाबाद। **(कॉफी का प्याला बढाती है।)**
(रोहित प्याला लेकर चुप, सोचता-सा बैठा रहता है।)

रेखा : बदनामी मेरी होगी। जब मैं नहीं डरती, तब तुम क्यों डरते हो?
(रोहित चुप रहता है।)

रेखा : नाराज़ हो गये? हाय-हाय बेचारे! मैं मना लूँगी। कॉफ़ी तो पियो।
(रोहित कॉफी का एक घूँट लेता है।)

रेखा : मैं अपनी ममी, पिताजी को जानती हूँ। वह मुझ पर विश्वास करते हैं। तुम्हारा चैलेंज स्वीकार करने में मैंने कोई बहादुरी नहीं की। (**विषय बदलते हुए**) अच्छा यह बताओ, मैं कैसी लग रही हूँ। (**रोहित रेखा की ओर देखता है।**) बताओ न...ख़ाली देखते जा रहे हो। बताओ न!

रोहित : इस नाइट-गाउन में तुम कोई मेम साहब लगती हो। लेकिन यह शाल तुमने ऐसे ओढ़ रखा है—उससे लगता है, तुम अपनी तरफ़ की हो, जैसे—

रेखा : (**काटते हुए**) जैसे मुरादाबाद की दुल्हनिया। (**खुलकर हँसती है। रोहित भी हँसी में साथ देता है।**)

रोहित : यह काला शाल तुम पर बहुत सूट करता है।

रेखा : क्यों?

रोहित : क्योंकि...क्योंकि—(**झिझक से बोल नहीं पाता**)

रेखा : क्योंकि तुम्हारे चेहरे का रंग बहुत गोरा है। यही कहना चाहते हो न? काला शॉल गोरे रंग की सुन्दरता में चार चाँद लगाता है।

रोहित : हमारे यहाँ मुरादाबाद में लड़कियों को सुन्दर नहीं कहा जाता।

रेखा : क्यों?

रोहित : अगर कहा जाये—तो इसका दूसरा अर्थ होता है।

रेखा : क्या?

रोहित : प्रेम निवेदन।

रेखा : इसीलिए आपकी ज़ुबान अटक रही है। लेकिन जनाब, यह दिल्ली है। यहाँ कॉम्पलीमेण्ट इज़ ए कॉम्पलीमेण्ट। हम लोग तो 'कॉम्पलीमेण्ट' के सहारे जीते हैं। तुम...तुम बेशक मेरी सुन्दरता की तारीफ़ कर सकते हो।

रोहित : जो सुन्दर हो, उसे तारीफ़ की ज़रूरत नहीं।

रेखा : ज़रूरत है। बहुत ज़रूरत है। वह सुन्दरता ही क्या, जिसकी तारीफ़ न हो। फिर तारीफ़ के कोई और माने नहीं लगाता। दोस्तों में तो यह चलता ही है। अच्छा बताओ मैं कैसी हूँ?

रोहित : सुन्दर।

रेखा : सिर्फ़ सुन्दर?

रोहित : बहुत सुन्दर।

रेखा : मेरी आँखें?

रोहित : मीनाक्षी नयन।

रेखा : हद हो गयी। लगता है इंजीनियर साहब को हिन्दी सिखानी पड़ेगी। मीनाक्षी नयन। इसके क्या माने हुए? अरे बाबा मीन-नयन।

रोहित : हाँ वही।

रेखा : **(नकल करते हुए)** हाँ वही।

रोहित : मीन-नयन।

रेखा : और मेरे होंठ?

रोहित : लाल। जैसे उषा की लाली चुरा ली हो। लाल होंठ, जिनके आगे रूबी शरमा जाये। गुलाब की पंखुड़ियाँ मुरझा जायें।

रेखा : वाह, अब कुछ बात बनी।

रोहित : तुम्हारे हाथ कितने सुन्दर हैं।

रेखा : **(हाथ बढ़ाकर)** देखो, बहुत मुलायम हैं।

(रोहित संकोच से रेखा का हाथ अपने हाथ में लेता है।)

रेखा : मेरे पैर भी बहुत सुन्दर हैं।

रोहित : **(झुककर रेखा का पैर पकड़ते हुए)** देखूँ।

रेखा : **(एकदम पैर छुड़ाते हुए)** धत् बेशर्म! **(हँसती है।)**

(रोहित कुछ हतप्रभ होता है।)

रेखा : **(दिलासा देते हुए)** कॉफ़ी पियो। **(मुस्कराती हुई एकटक रोहित को कुछ दरे निहारती है।)** निधि नाम कैसा है?

रोहित : क्यों?

रेखा : मुझे पसन्द है।

रोहित : अपना नाम बदलोगी?

रेखा : नहीं, अपनी बेटी का नाम रखूँगी।

रोहित : बेटी का?

रेखा : क्या तुम्हें यह नाम पसन्द नहीं है?

रोहित : **(तत्परता से)** बेशक पसन्द है। बहुत पसन्द है।

रेखा : तब यही रखूँगी।

रोहित : शादी हुई नहीं, और अभी से–

रेखा : **(काटते हुए)** शादी भी कर लूँगी।

रोहित : किससे?

रेखा : किसी गाँठ के पूरे, अक़्ल के अधूरे से–गुडनाइट।

(हँसते हुए रेखा बायें कमरे से होते हुए भीतर घर में भाग जाती है।)

(अन्तराल-अन्धकार)

दृश्य–दायाँ कमरा

समय :उसी रात दो बजे पुनः प्रकाशित होने पर रात के दृश्य में रोहित सोता हुआ दिखायी पड़ता है। उसके सिरहाने दर्शकों की ओर पीठ किये वही नाइट-गाउन पहने और काली शाल ओढ़े रेखा दिखायी पड़ती है। वह थोड़ी देर बाद वहाँ से हटकर रोहित के पैरों के पास खड़ी होती है। दूर दो बजने के गजर सुनायी पड़ते हैं। तभी रोहित की आँख खुलती है। वह कुछ देर रेखा को ही देखता है।)

रोहित : (धीरे से पुकारते हुए) रेखा!
(रेखा भागकर दायें कमरे के पीछे के दरवाजे पर जाती है। रोहित खड़ा होता है।)

रोहित : (उठकर) रेखा! (रेखा पीछे से दरवाजे से घर के भीतर चली जाती है। रोहित दरवाजे को धक्का देता है। वह भीतर से बन्द है। धीरे से पुकारता है) रेखा! रेखा!
(परेशान-सा वह बिस्तर पर आकर बैठता है।)

(अन्तराल-अन्धकार)

दृश्य–दायाँ कमरा

समय :दूसरे दिन प्रातः काल।
(खिड़की से उदय होते हुए सूर्य की लालिमा कमरे में आती है। रोहित अपनी चारपाई पर सोया दिखायी देता है। केवल जाँघिया पहने, हाथों से कसरत करते, बार-बार अपनी भुजाओं की मांसपेशियों को तानते ब्रह्मानन्द, बाँयें कमरे से दाँयें कमरे में आते हैं। वह कुछ देर तक खिड़की के पास खड़े होकर जोर से साँस खींचकर सीने में भरते और निकालते हैं। फिर रोहित की चारपाई के पास जाकर उसकी ओढ़ी चादर खींचकर उसे जगाते हैं।)

ब्रह्मा : अरे कुम्भकरण की औलाद, अब तक सो रहे हो?
(रोहित चौंककर उठ बैठता है।)

ब्रह्मा : यह भी कोई सोने का समय है। वेदों में लिखा है, ब्रह्म मुहूर्त में उठना चाहिए।

रोहित : **(आँख मलकर उठते हुए)** आपने वेद पढ़े हैं?

ब्रह्मा : **(कसरत करते हुए)** ब्रह्मा ने क्या नहीं पढ़ा? फिर उसे पढ़ने की क्या ज़रूरत? उसे बिना पढ़े ही सब पता है। ब्रह्मा को क्या नहीं पता?

रोहित : कल रात को देर से सोया था।

ब्रह्मा : क्यों देर से सोये थे। जो सोता है वह खोता है। सोते रहोगे तो यह ऑक्सीजन मिलेगी तुम्हें?

रोहित : मेरी बड़ी ख़राब आदत है, सुबह जल्दी उठ ही नहीं पाता।

ब्रह्मा : अभी से ही अपने को अफसर समझते हो। देर तक सोना अफसरों की निशानी है। मैं भी तो अफसर हूँ। गजटेड ऑफिसर। सर्टिफिकेट अटेस्ट कर सकता हूँ, लेकिन फिर भी ब्रह्म मुहूर्त में उठता हूँ।

रोहित : **(स्पष्ट चापलूसी से)** आप तो लाखों में एक हैं। आपका कोई क्या मुक़ाबला करेगा।

ब्रह्मा : तुम एकदम ठीक कहते हो। मेरा कोई क्या मुकाबला कर सकता है। मैं अफसर हूँ, गजटेड अफसर। फिर यह बदन फौलाद का है। मेरे चेहरे पर ब्रह्मचर्य का तेज है।

रोहित : जी? ब्रह्मचर्य का?

ब्रह्मा : **(अचकचाकर)** मेरा मतलब है, ब्रह्मचर्य जैसा तेज है। मेरी मूँछें देखो। इतनी काली और घनी मूँछें दिल्ली में किसी की नहीं।

रोहित : अच्छा!

ब्रह्मा : तुम चाहो तो तुम्हारी मूँछें भी ऐसी हो सकती हैं। दरअसल इसका राज है।

रोहित : राज? क्या नकली है?

ब्रह्मा : **(एकदम बिगड़कर)** उल्लू के पट्ठे, येह नकली लगती हैं? तुम्हारा सारा खानदान रस्सी बाँधकर इन्हें उखाड़े, तब भी न उखड़ें।

रोहित : **(एकदम हाथ जोड़कर)** माफ़ कीजिएगा। मेरा मतलब यह नहीं था।

ब्रह्मा : **(नरम पड़ते हुए)** अरे मैं तो तुम्हें अपना समझकर नुस्खा बता रहा था। रोज दूध पीने के बाद, थोड़ा-सा दूध मूँछों में मल लो। फिर देखो तीन महीने में ही कैसी घनी मूँछे उगती हैं।

रोहित : आपकी मूँछे इसी तरह से बनी हैं?

ब्रह्मा : इनमें तीन महीने नहीं, तीस साल से दूध रगड़ रहा हूँ। इनकी तो बात ही और है। इससे पर्सनालिटी में वह रौब आता है कि क्या कहें। अफसरी की शान दुगनी हो जाती है।

(चाय की ट्रे लिए रेखा का प्रवेश)

ब्रह्मा : यह लो चाय आ गयी। न शौच गये, न कुल्ला किया। इसीलिए तो इसे बैड टी कहते हैं।

रेखा : बैड टी नहीं, पिताजी बेड टी।

ब्रह्मा : बेड टी नहीं—बैड टी। बुरी चाय। इन अंग्रेजों ने तो हमारा नाश कर दिया। बैड टी के साथ बिस्कुट। बिस्कुट नहीं—विषकुट, जिसमें जहर कुटा हो।

रेखा : पिताजी, आज तो एक कप चाय आपको भी पीनी पड़ेगी।

ब्रह्मा : अरे तुम लोग पिओ। अंग्रेज दूध तो इस देश से ले गये। यह गर्म पानी छोड़ गये। जलाओ अपना कलेजा। अभी तेल मालिश बाकी है।

(ब्रह्मा का बायें कमरे से होते हुए भीतर प्रस्थान)

रेखा : पिताजी किसी तरह गये तो।

रोहित : मुझे मूँछे उगाने का नुस्खा बता गये हैं।

रेखा : मैं जानती हूँ। दुनिया कहाँ से कहाँ पहुँच गयी है और यह मूँछों को दूध से ही सींचते रह गये। **(चाय का प्याला देते हुए)** देखना चीनी ठीक है?

रोहित : तुम्हारे हाथ की बनायी चाय में चीनी की ज़रूरत नहीं।

रेखा : ओह वाह, अब तो तुम ख़ूब बात बनाना सीख गये 'एनीवे, आई लाइक टू हियर कॉम्पलीमेण्ट्स'

रोहित : यह कॉम्पलीमेण्ट नहीं है।

रेखा : तो?

रोहित : यह सच है।

रेखा : अरे बाबा तुम तो सीरियस लगते हो।

रोहित : **(रोमांस से)** कल रात तुम मेरे कमरे में आयी थीं?

रेखा : आयी तो थी, तुम्हें कॉफ़ी पिलाने। चैलेंज जो था।

रोहित : वह नहीं। उसके बाद।

रेखा : उसके बाद?

रोहित : रात को, क़रीब दो बजे।

रेखा : दो बजे रात? मैं?

रोहित : हाँ तुम्हीं थीं।

रेखा : सपना देखा होगा।

रोहित : मैंने तुम्हें पकड़ना चाहा। तुम दरवाज़े से अन्दर भाग गयीं, और भीतर

से बन्द कर लिया।

रेखा : कहा न, सपना देखा होगा।

रोहित : सपना नहीं था।

रेखा : कोई बात नहीं। अब मैं तुम्हारे सपने में आने लगी,तो अब ज्यादा देर नहीं।

रोहित : किस बात की?

रेखा : दीवानगी की।

रोहित : यह दीवानगी तो है ही। शायद सपना हो।

रेखा : क्या अफ़सोस हो रहा है अपनी दीवानगी पर?

रोहित : नहीं।

रेखा : तब तो भगवान् ही भला करे तुम्हारा।

रोहित : रेखा, मैं तुमसे एक बात कहना चाहता हूँ।

रेखा : बात ही तो तुम कह रहे हो इतनी देर से।

रोहित : नहीं...एक...ख़ास बात...

रेखा : कहो।

रोहित : रेखा...मैं...मैं...तुमसे प्रेम करने लग गया हूँ।

रेखा : यह तो अच्छी बात है। सबको सबसे प्रेम करना चाहिए। गाँधी जी ने भी यही कहा था।

रोहित : इसे मज़ाक में न टालो।

रेखा : यह तो मज़ाक नहीं है?

रोहित : **(गम्भीरता से, शिकायत के स्वर में)** रेखा!

रेखा : ओह सॉरी। **(कान पकड़ती है।)**

रोहित : मैं सचमुच तुमसे प्यार करता हूँ। मैं तुमसे शादी करना चाहता हूँ।

रेखा : तुम तो सीरियस हो!

रोहित : मैं जानता हूँ, मेरे तुम्हारे विचार एकदम अलग हैं। हम दोनों के फेमिली बैक-ग्राउण्ड भी बिल्कुल अलग हैं। लेकिन मैंने तुम्हें जैसे-जैसे देखा, जैसे-जैसे जाना और जाना, वैसे-वैसे ही तुम्हारे लिए मेरे मन में इज़्ज़त होती गयी है। कितना आत्म-विश्वास है तुममें। मुरादाबाद की लड़की, जो कुछ है, माँ बाप की बनायी, उनकी डरायी, धमकायी होती है। वह किसी स्थिति का मुक़ाबला अपने आप नहीं कर सकती और एक तुम हो, आत्मविश्वास से दमकता व्यक्तित्व! किसी के सहारे की ज़रूरत नहीं। गोपाल कृष्ण को जैसे तुमने कूड़े

की तरह निकाल फेंका, मैं सुनकर दंग रह गया।

रेखा : बहुत हो गया और ज़्यादा तारीफ़ करोगे तो घमण्ड हो जायेगा।

रोहित : मैं शायद आई. ए. एस. में आ जाऊँ। अगर नहीं भी आया तो इंजीनियर तो हूँ ही। घर का मकान है, मोटर है। सब तरह से हम लोग अच्छे हैं। माँ-बाप का इकलौता हूँ। वह मेरा कहना कभी नहीं टालेंगे। मैं तुमसे शादी करना चाहता हूँ।

रेखा : **(एक क्षण रोहित को देखकर)** तुम नहीं जानते तुम क्या कह रहे हो। **(कहती हुई वहाँ से हटकर खिड़की पर जाती है)**

रोहित : रेखा, तुम इनकार न करना। मैं हर तरह से तुम्हें सुखी करने की कोशिश करूँगा। तुम्हें छोटा-सा घर दूँगा, सुरक्षा दूँगा, नाम दूँगा, इज़्ज़त दूँगा, मान दूँगा—और निधि भी।

(रेखा एकदम मुड़कर रोहित की आँखों में कुछ क्षण देखती है। फिर बढ़कर उसके सीने पर सर रख देती है और रोहित की बाँहों में खो जाती है)

(अन्तराल-अन्धकार)

दृश्य—दायाँ कमरा

समय—उसी रात लगभग दो बजे।

(प्रकाश होने पर रात का दृश्य दिखायी देता है। खिड़की के बाहर जलती-बुझती नियान लाइट में अपने पलँग पर सोता हुआ रोहित दिखायी पड़ता है। पास ही नाइट-गाऊन के ऊपर काले शॉल से सिर ढँके रेखा खिड़की के पास खड़ी दिखायी देती है। दूर पर रात के दो बजने के गजर की आवाज सुनायी पड़ती है। अचानक रोहित की आँख खुल जाती है)

रोहित : **(धीरे से पुकारते हुए)** रेखा!

(रेखा खिड़की से पीछे हटकर, धीरे-धीरे पीछे के खुल दरवाजे की तरफ बढ़ती है)

रोहित : **(बिस्तर से ही)** रेखा! सुनो रेखा!

(रेखा पीछे के दरवाजे से जाना चाहती है, तभी अचानक तेजी से उठकर रोहित रेखा की बाँह पकड़ लेता है, और अपनी और खींचता

है। वह रेखा नहीं, अपितु उसकी माँ लज्जावती है। रोहित घबराकर उन्हें छोड़ देता है)

रोहित : ओह! मौसी जी आप?

लज्जा : **(रोहित के निकट आकर)** मुझे लज्जा कहो रोहित! **(रोहित के दोनों कन्धों पर अपनी बाँहें रखती है।)**

यवनिका

द्वितीय अंक

मंच सज्जा : पहले अंक के समान ही

स्थान : दायाँ कमरा

समय : रात, वही समय जहाँ प्रथम अंक समाप्त होता है।

लज्जा : **(खोखली झेंप मिटाती हँसी से)** कोई तुम्हारा चेहरा तो देखे। ऐसा लगता है जैसे भूत देख लिया हो। अरे, खड़े क्यों हो? मुझसे डर लगता है।

(रोहित जड़-सा खड़ा रहता है।)

लज्जा : **(उठकर रोहित के निकट आते हुए)** बेचारा बच्चा डर गया। ...चू् चू् चू् चू्...

(रोहित फिर भी जड़-सा खड़ा रहता है।)

लज्जा : **(अचानक स्वर बदलकर)** तुम्हारी सिगरेट कहाँ है। तुम समझते हो मैं जानती नहीं। घर में नहीं, लेकिन घर के बाहर तुम पीते हो। मुझे सब पता है। **(एक मिनट सोचकर)** तुम्हारे तकिये के नीचे होगी।

(बिस्तर के तकिये के नीचे से सिगरेट निकालती है।)

(सिगरेट लेकर कुर्सी पर बैठती है। फिर बड़े इत्मिनान से मेज पर पैर पसारकर सिगरेट जलाती है, और धुएँ का कश छोड़ती है।)

लज्जा : तुमने जो आज देखा, तुम विश्वास नहीं कर पा रहे हो। सिगरेट पीने वाली चरित्रहीन नारी। **(उपेक्षा से)** भारतीय नारी। औरतों को बेवक़ूफ़ बनाये रखने के लिए कह दिया—भारतीय नारी ऐसी है, भारतीय नारी वैसी है। माई फ़ुट। **(सिगरेट का कश लेती है, फिर अचानक तैश में रोहित के सामने जाकर)** क्या मैं भारतीय नारी नहीं हूँ? भारतीय नारी ज़िन्दा है। उसका दिल धड़कता है। उसके लहू में गरमी है। वह प्यार कर सकती है। वह प्यार दे सकती है, माँग सकती है। **(अचानक टूटते**

हुए) मैं कितनी अकेली हूँ। **(वापस कुर्सी पर बैठ जाती है।)** मैं कितनी अकेली हूँ। मेरा दर्द कौन समझ सकता है। **(रोने लगती है।)**

लज्जा : **(अपने को सँभालकर)** तुम सोचते होगे मैं कितनी बेशर्म हूँ। औरत जो कहे—मुझे प्यार दो, सीने से लगाकर थपका दो, सहारा दो, वह बेशर्म। उसे अपनी इच्छा अपने सीने में घोंट देनी चाहिए। लेकिन मैं ऐसा नहीं कर पाती। मैंने हमेशा वही किया, जो एक औरत होने के नाते मुझे करना चाहिए था। क्योंकि मैं एक औरत हूँ, मुझे अपने पति से ज़्यादा नही पढ़ना चाहिए। मुझे पति की कमाई में आधा पेट खाकर सन्तोष करना चाहिए। इस घर के लिए मैंने क्या नहीं किया। अपने को दबा दिया, मार दिया, क्या मिला मुझे? कोई है जो मुझसे दो सीधे बोल बोले। मेरे दुख-दर्द को पूछे। कोई है जिसके कंधे पर सिर रखकर मैं रो सकूँ। **(सिगरेट जमीन पर फेंक कर पैरों से मसलती है फिर आहत गर्व से भीतर जाती है। अन्दर से आवाज के साथ दरवाजा बन्द करती है।)**

(अन्तराल-अन्धकार)

दृश्य—दायाँ कमरा

समय—दूसरे दिन प्रातः काल।

(बायें कमरे से होता विलायती दाहिने कमरे में आता है। दायें कमरे में वह रोहित के लिए देखता है। फिर ड्रेसिंग रूम के दरवाजे पर खटखटाता है।)

विलायती : **(पुकारते हुए)** रोहित साहब! रोहित साहब!

रोहित : **(भीतर से)** कौन-विलायती। ठहरो। अभी आता हूँ।

(विलायती कमरे में घूमकर, सामान उलट-पलटकर देखता है। एक किताब में से रेखा की तस्वीर निकलती है।)

विलायती : रेखा की तस्वीर! **(तस्वीर को उलटकर पढ़ते हुए)** तुमको, जो मेरे अपने हो—रेखा। **(तस्वीर जेब में रखते हुए)** वाह! मामला लैला मजनूँ का है। **(तभी बाथरूम का दरवाजा खुलता है। विलायती सजग हो जाता है।)**

रोहित : क्या है विलायती?

विलायती : कल शाम जब आप लायब्रेरी से लौटे थे, तब यह काग़ज़ आपके सामान से उस कमरे में गिर गया था।

रोहित : मेरे सामान से गिर गया था?

विलायती : **(काग़ज़ देते हुए)** मैंने सोचा आपको दे दूँ।

(रोहित काग़ज़ खोलकर पढ़ता है।)

रोहित : **(अपने आप से, सोचते हुए)** धनेश।

विलायती : आपका नहीं है क्या?

रोहित : क्या?

विलायती : लगता है धनेश साहब का है।

रोहित : तुम धनेश साहब को जानते हो?

विलायती : ख़ूब जानता हूँ। अच्छी तरह जानता हूँ।

रोहित : कौन है यह?

विलायती : यह बातें बाद में होंगी। अगर यह काग़ज़ आपका नहीं है तो मुझे दे दीजिए। यह धनेश साहब को दे दूँगा। मैं अनपढ़ आदमी, ग़लती से समझा आपका है।

रोहित : क्या करते हैं धनेश साहब?

विलायती : देखिए साहब, दो बातें अलग-अलग। यह काग़ज़ धनेश साहब का है—एक बात। धनेश साहब क्या हैं—कैसे हैं—क्यों हैं, दूसरी बात। दोनों को मिलाइए नहीं।

रोहित : **(हतप्रभ-सा)** ठीक है। यह लो। धनेश साहब को दे देना।

विलायती : अगर आप इसको रखना चाहते हैं, तो बेशक रख सकते हैं। मुझे कोई एतराज़ नहीं।

रोहित : **(संकोच से)** रख लूँ?

विलायती : हाँ हाँ रख लीजिए। रख लीजिए।

रोहित : **(जेब में कागज रखता है।)** शुक्रिया।

विलायती : यह तो मेरा दिल है जो दूसरे का काग़ज़ आपको दे दिया।

रोहित : थैंक्यू।

विलायती : मगर आपका दिल कैसा है?

रोहित : मेरा दिल?

विलायती : सरकार, मैं आपके दर्दे दिल की बात नहीं कर रहा। मैं तो सिर्फ़ यह देखना चाहता हूँ कि आपका दिल कुछ देना भी जानता है या सिर्फ़ लेना ही।

रोहित : तुम्हारा मतलब है—

विलायती : **(काटते हुए)** नहीं समझे न। मैं भी नहीं समझता था। लेकिन नवाब पाँचताल का दिल देखकर जाना, ऐसा होता है दिल। इनाम देने में

राजा ताँबागढ़ भी उनके आगे पानी भरते थे।

रोहित : (**अचानक समझकर**) ओह! आई एम सॉरी। (**पर्स से निकालकर बीस रुपये देता है।**)

विलायती : बस। बीस रुपये?

(**रोहित बीस रुपये और देता है।**)

विलायती : यह काग़ज़ तो अनमोल है। बड़े साहब तो इस ख़त के पाँचसौ रुपये देते और मेम साहब दो हज़ार रुपये तक दे देती हैं।

रोहित : वह लोग भी पैसे देते हैं?

विलायती : क्यों नहीं देंगे। नौकर रखा है घर के काम-काज के लिए या जासूसी के लिए! अगर जासूसी करवानी है तो उसके पैसे अलग नहीं होंगे?

रोहित : इसका मतलब है इस घर में–(**पर्स से सौ रुपये निकालकर**) यह लो सौ रुपये।

विलायती : (**रुपये लेकर**) यह तो हमारी आपकी बिज़नेस की बात है। आज शुरुआत हुई है, आगे भी चलेगी। पहली दफ़े कुछ कम ही सही।

(**बायें कमरे में बाहर के दरवाजे पर कोई काल-बेल दबाता है।**)

विलायती : साहब, चलता हूँ। लगता है बाहर कोई आया है। देखिए किसी को बताइएगा नहीं। आपसी मामला आपस में ही रहना चाहिए। नवाब पाँचताल भी यही कहते थे।

दृश्य–बायाँ कमरा

(**इसी बीच बायें कमरे में लज्जावती भीतर से आकर बाहर का दरवाजा खोलती है। धनेश का बाहर से प्रवेश।**)

धनेश : ओह लज्जा (**वह लज्जा को कमर से उठाकर घुमा देता है।**)

लज्जा : क्या करते हो। (**अपने को छुड़ाते हुए**) कोई देख लेता तो–

दृश्य–दायाँ कमरा

विलायती : यह लिजिए। धनेश साहब तो आज ख़ुद ही आ गये।

(**दोनों बीच के दरवाजे की आड़ में धनेश और लज्जा को देखते हैं।**)

दृश्य–बायाँ कमरा

धनेश : आज कम-से-कम छः महीने बाद देख रहा हूँ तुमको। लगता है तुम्हारी उम्र बढ़ती नहीं–घट रही है।

लज्जा : कुछ दिनों में सोलह साल की लगने लगूँगी?

धनेश : सोलह साल की तो तुम अभी भी दीखती हो।

लज्जा : बेईमान!

धनेश : तुम्हारा टेलीफ़ोन मिला, भागता चला आया।

लज्जा : **(धनेश के मुँह पर उँगली रखते हुए)** धीरे बोलो। **(दायें कमरे की ओर इशारा करके)** मैंने तुम्हें सब बता तो दिया है। देखना है, तुम क्या कर सकते हो। **(फिर बनावटी आवाज में)** अरे धनेश, तुम तो ख़ूब आये। मेरी सखी का बेटा–रोहित भी आजकल आया हुआ है। तुम्हारी ही उम्र का है। बहुत तेज़ है पढ़ने में। बहुत ही मिलनसार। तुम्हें मिलकर ख़ुशी होगी। **(बीच के दरवाजे के निकट जाकर पुकारते हुए)** अरे रोहित–यहाँ तो आना। तुम्हारी मुलाक़ात करायें। **(रोहित का बीच के दरवाजे से बाँयें कमरे में प्रवेश।)**

दृश्य–बायाँ कमरा

लज्जा : रोहित, यह है धनेश। बहुत ही अच्छा लड़का है। रेखा का दोस्त है। घर ही जैसा है। और धनेश, रोहित के बारे में तो मैं बता चुकी हूँ–

धनेश : **(एकदम काटते हुए),** आपकी सखी का बेटा, पढ़ने में तेज, बहुत मिलनसार वगैरा-वगैरा...

रोहित : आपसे मिलकर बहुत ख़ुशी हुई।

धनेश : खुशी तो मुझे हुई। आप पूछेंगे क्यों?

रोहित : क्यों?

धनेश : इस दुनिया में इतनी रौनक है। इतनी बहार है। इस सबसे आँखें बन्द करके किताबों की दुनिया में जीने वाले कम ही होते हैं। ऐसे बिरले अक्लमन्दों को देखकर खुशी होती है।

रोहित : लगता है। आपकी पढ़ाई पूरी हो गयी है।?

धनेश : पूरी क्या हो गयी, मैंने पूरी कर दी। बी.ए. के बाद ही कान पकड़ लिए।

रोहित : आप कोई काम कर रहे हैं?

धनेश : पापा पुलिस इंस्पेक्टर हैं। नौकरी करो तो पुलिस की। बस रौब-ही-रौब। जिधर से निकल जाओ, उधर से लोग सलाम में झुके हैं।

रोहित : आप क्या काम कर रहे हैं?

धनेश : मैंने तो लज्जा से **(सँभालते हुए)** आण्टी से कह दिया है, बेफिक्र होकर मोटर चलाओ। जितनों को चाहे मार दो। पापा सब सँभाल लेंगे।

(विलायती भीतर जाने के लिए बायें कमरे से गुजरता है।)

लज्जा : विलायती, रेखा से कह दो धनेश आये हैं।

(विलायती का घर के भीतर प्रस्थान)

धनेश : अरे हाँ, रेखा कहाँ है? अभी तक दिखायी ही नहीं पड़ी। रेखा भी खूब है आण्टी! कभी तो एकदम 'टाम बाय'। बन्दरों की तरह उछलकूद करती घूमेंगी। कभी ऐसी सेण्टीमेण्टल–जैसे अब रोयी–अब रोयी।

रोहित : मिस्टर धनेश! आपने बताया नहीं कि पढ़ाई ख़त्म करने के बाद आप क्या करते हैं?

धनेश : बताया तो आपको...

रोहित : आपके पापा पुलिस इन्सपेक्टर हैं। लेकिन आप क्या करते हैं?

धनेश : **(झेंपता-सा)** मैं इंश्योरेंस ऐजेण्ट हूँ। **(अचानक विचार आते ही)** आप इंश्योर्ड हैं?

रोहित : नहीं?

धनेश : **(अपने पेशे में वापिस आकर)** देखिए न, इतने पढ़-लिखकर भी आप नासमझी कर रहे हैं। हर आदमी को फौरन इंश्योरेंस करा लेना चाहिए। जिन्दगी का क्या भरोसा। कब खत्म हो जाये। अभी अभी है, अभी नहीं। कच्चे धागे-सा कमजोर साँसों का तार, क्या पता कब टूट जाये।

(रेखा का भीतर से प्रवेश)

रेखा : इनकी उम्र सौ साल की है।

धनेश : तुम कैसे जानती हो?

लज्जा : हाँ, मैं भी जानती हूँ। रोहित की उम्र सौ साल की है। **(स्वर बदलकर)** तुम भी धनेश बस। क्या लेकर बैठ गये?

धनेश : **(अपनी गलती समझकर)** आई एम सॉरी। रेखा, तुमने आज का अखबार पढ़ा।

रेखा : क्यों?

धनेश : अगले महीने मिस युनिवर्स का चुनाव हो रहा है।

लज्जा : **(उठते हुए)** तुम बच्चों में मेरा क्या काम। मैं चाय भिजवाती हूँ। **(अन्दर जाती है।)**

रोहित : इंश्योरेंस और ब्यूटी कण्टेस्ट का क्या सम्बन्ध है?

धनेश : मैं तो रेखा से कह रहा था कि वह 'पार्टिसिपेट' करे तो जरूर 'मिस युनिवर्स' का ताज उसके सर पर होगा। कितनी .खूबसूरत लग रही है।

रेखा : **(सख्ती से)** तुम क्यों आये हो?

धनेश : तुमने बुलाया था।

रेखा : मैंने?

धनेश : हाँ—हाँ तुमने। तुमने टेलीफोन किया था।

रेखा : मैंने कोई टेलीफ़ोन नहीं किया।

धनेश : यह तुम क्या कह रही हो? तुम्हीं ने तो टेलीफोन पर बुलाया है। **(अभिनय का अतिरंजन)** अब अचानक तुमको क्या हो गया है? **(रोहित को देखकर)** ओह, शायद तुम इनके सामने...**(बात बनाते हुए)** मैं तो मजाक कर रहा था, सिर्फ मजाक। मैं तो अपने आप आया हूँ। बिल्कुल अपने आप। तुमने कोई टेलीफोन नहीं किया।

रोहित : मिस्टर धनेश, न आप अपने आप आये हैं, न रेखा ने आपको बुलाया है।

धनेश : **(चिढ़ाने की आवाज बनाते हुए)** तब आपके बुलाने पर आया हूँ। आपने टेलीफोन किया था?

रोहित : **(सख्ती से)** जी नहीं।

धनेश : तो?

रोहित : आपको टेलीफ़ोन लज्जा आण्टी ने किया था। आप उनके बुलाने पर आये हैं। **(धनेश एक क्षण सन्नाटे में आ जाता है। किन्तु शीघ्र ही अपने को सँभालकर आक्रामक हो जाता है।)**

धनेश : आप कौन हैं ख्वामखाह।

रोहित : **(सख्ती से)** जी?

धनेश : बात रेखा से हो रही है। आप क्यों कूद पड़े हैं बीच में?

रोहित : आपने रेखा से कहा कि वह मेरी वजह से झूठ बोल रही है।

धनेश : दाल-भात में मूसलचन्द।

रोहित : फिर मैंने सच कहा।

धनेश : बड़ा सच कहा। आप नजूमी हैं। ज्योतिषी हैं।

रोहित : मैंने आपकी और लज्जा की बात ख़ुद सुनी।

धनेश : कान बज रहे होंगे। उँह, यह छोटे शहर के लोग न जाने साले अपने आपको...।

रोहित : **(एकदम कालर पकड़कर)** एक लब्ज़ भी और बोले तो जान ले लूँगा। **(झटककर दूर गिरा देता है।)**

धनेश : **(एकदम चाकू निकालकर)** अब दिल्ली से तुम्हारी लाश वापस जायेगी।

(धीरे-धीरे रोहित की तरफ बढ़ता है। रेखा दौड़कर रोहित के सामने आ जाती है।)

रोहित : **(अतीव शान्ति से)** दो लाख।

धनेश : **(उसी क्रोध से)** क्या?

रोहित : दो लाख का इंश्योरेंस।

धनेश : किसका?

रोहित : मेरा।

धनेश : **(अविश्वास से)** क्या?

रोहित : हाँ मेरा! मैं अपना दो लाख का इंश्योरेंस करवाना चाहता हूँ।

धनेश : **(एकदम स्तम्भित-सा)** तुम्हारा इंश्योरेंस। **(कुछ क्षण सोचकर)** मुझे बेवकूफ बनाने चले हो।

रोहित : मैं वाक़ई अपना इंश्योरेंस चाहता हूँ। मेरे लिए क्या मुश्किल। मेरे पापा लखपती हैं। पूछ लो रेखा से।

रेखा : और क्या? धनेश, इनके पापा मुरादाबाद के सबसे बड़े रईस हैं। इनके लिए दो लाख रुपये तो कुछ भी नहीं।

(धनेश कुछ देर सोचता रहता है।)

रेखा : रोहित को तो कम-से-कम पाँच लाख का इंश्योरेंस करवाना चाहिए। **(लज्जा का भीतर से प्रवेश)** मम्मी, तुम्हीं बताओ। रोहित के पिता की मुरादाबाद में कोठी कैसी है?

लज्जा : कैसी क्या, एकदम महल है। क्यों क्या बात है?

रेखा : रोहित इनसे दो लाख रुपये की अपनी इंश्योरेंस चाहते हैं, लेकिन इनको विश्वास ही नहीं हो रहा है।

लज्जा : **(धनेश से)** अरे इतना बड़ा आसामी मुश्किल से मिलेगा।

धनेश : **(अचानक, जैसे विचार निद्रा से जागते हुए)** ठीक है। आज तुमसे

ही बोहनी हो जाये। **(अपने बैग से कागज वगैरह निकालता है।)**

रोहित : मैंने भी सोचा, ज़िन्दगी का क्या भरोसा। कब ख़त्म हो जाये—अभी-अभी हैं, अभी नहीं है। कच्चे धागे-सा कमजोर साँसों का तार, क्या पता कब टूट जाये।

धनेश : **(बीमे के कागज पर लिखते हुए)** नाम—रोहित कुमार। **(दृष्टि कागज पर टिकाते हुए)** पिता का नाम—? **(रोहित रेखा को सस्मित देखता है। वह अब तक अपनी हँसी किसी तरह रोके हुए थी। रोहित से आँख मिलते ही, वह अचानक खिल-खिलाकर हँस पड़ती है। अप्रत्याशित हँसी सुनकर, धनेश दोनों को देखता है। हँसी का अर्थ समझ में आते ही वह क्रोध से उठ खड़ा होता है।)**

धनेश : तुम सब स्साले एक हो गये। छिपा लो अपने आँचल में। आशिक है तुम दोनों का।

रेखा : अगर इसी वक़्त तुम चले नहीं गये तो—

धनेश : तो क्या कर लेगी तू मेरा? तू कर ही क्या सकती है मेरा। मैं खुद ही रहना नहीं चाहता इस रण्डीखाने में। **(थूकता है, फिर तेज कदमों से घर के बाहर चला जाता है)**

(धनेश के जाते ही लज्जा बाहर का दरवाजा भीतर से बन्द करती है।)

लज्जा : रोहित, आई एम वैरी सॉरी फ़ार द इंसीडेण्ट।

(प्रस्थान—भीतर)

रेखा : जब उसने चाकू निकाला तो मेरा तो दिल ही काँप गया।

रोहित : धनेश से तुम्हारा क्या सम्बन्ध है?

रेखा : उसका हम लोगों के परिवार से परिचय है। वह आता जाता था। आज वह क़रीब छः महीने बाद आया था?

रोहित : क्यों?

रेखा : मैंने मना कर दिया था?

रोहित : क्यों?

रेखा : ऐसे ही।

रोहित : तुम्हारा उसका क्या सम्बन्ध है?

रेखा : यह तुम क्यों पूछ रहे हो?

रोहित : मुझे जवाब दो। तुम्हारा उसका क्या सम्बन्ध है?

रेखा : तुम मुझसे प्रेम करते हो?

रोहित : मेरी बात मत टालो।

रेखा : मैं बात नहीं टाल रही।

रोहित : तुम्हारा उससे क्या सम्बन्ध है?

रेखा : मैं तुम्हारे सवाल का ही जवाब दे रही हूँ। तुम मुझसे प्रेम करते हो?

रोहित : यह जवाब नहीं है।

रेखा : **(आग्रह से)** बोलो, तुम मुझसे प्रेम करते हो?

(रोहित उत्तर नहीं देता?)

रेखा : बताओ, तुम मुझसे प्रेम करते हो?

(रोहित रेखा को एक क्षण देखकर अवज्ञा से मुँह मोड़कर खड़ा हो जाता है।)

रेखा : अगर तुम मुझसे प्रेम करते हो तो यह प्रश्न बेमानी है। हम दोनों के प्रेम में किसी सन्देह का स्थान नहीं और अगर प्रेम नहीं करते, तो तुम्हें मेरे बारे में पूछने का कोई हक़ नहीं।

(तेज कदमों से घर के भीतर जाने को बढ़ती है।)

(रोहित जाती हुई रेखा के सामने, दरवाजा रोक के ऐसे खड़ा हो जाता है, जिससे वह अन्दर न जा सके।)

रोहित : तुम ऐसे नहीं जा सकती। तुमको बताना पड़ेगा।

रेखा : रास्ते से हट जाओ।

रोहित : तुम बताओगी कैसे नहीं? **(हाथ पकड़कर खींचते हुए दाहिने कमरे में ले जाता है और अपने बिस्तर पर झटककर गिरा देता है।)**

दृश्य–दायाँ कमरा

रोहित : बताओ, क्या था धनेश से तुम्हारा सम्बन्ध?

रेखा : **(उठकर)** 'ब्रूट'!

रोहित : तुम लोग तो बड़े तमीज़दार हो न। जैसी माँ, वैसी बेटी।

रेखा : **(आश्चर्य से)** क्या?

रोहित : रात को माँ कमरे के चक्कर लगाती है, दिन को बेटी प्रेम का ड्रामा करती है। दोनों को एक खिलौना मिल गया है—बेवक़ूफ़ बनाने को। दिल बहलाने को।

रेखा : **(आश्चर्य-चकित, निकट आते हुए)** माँ, तुम्हारे कमरे में रात को आयी थी?

रोहित : मैं तुम दोनों से नफ़रत करता हूँ। निकल जाओ यहाँ से। निकल जाओ। (**नफ़रत से खींचते हुए**) गेट आउट!
(रेखा एक क्षण को रोहित को देखती है, फिर अवज्ञा से भीतर के लिए प्रस्थान करती है)

(अन्तराल-अन्धकार)

दृश्य–दायाँ कमरा

समय–सायंकाल, उसी दिन।

(बाहर से किसी के घण्टी बजाने की आवाज। विलायती भीतर से आकर दरवाजा खोलता है। गोपाल कृष्ण तथा ब्रह्मानन्द का प्रवेश। ब्रह्मानन्द दफ्तर से लौटे हैं। दोनों आते ही कुर्सी पर बैठते हैं। विलायती घर के भीतर जाता है।)

ब्रह्मा : यार, दिन भर फाइल, फाइल, फाइल पर फाइल। एकदम थक गया।

गोपाल : तभी तो कभी-कभी रिलेक्सेसन मिलना जरूरी हो जाता है।

ब्रह्मा : साले कल के लौंडे अफसर बने हैं। कानून सिखाते हैं ब्रह्मानन्द को। ऊँह।

गोपाल : तुममें यही तो खराबी है। दफ्तर की बात दफ्तर में ही खत्म होनी चाहिए। घर पर नहीं।

ब्रह्मा : स्साला घर! यह भी कोई घर है।

गोपाल : बड़ा सूना-सूना लग रहा है। रेखा भी नहीं दिखायी पड़ी।

ब्रह्मा : अन्दर होगी, या लाइब्रेरी गयी होगी। रिसर्च का भूत गले में डाल लिया है न।

गोपाल : वह क्या करे। घर में अकेली है। मन नहीं लगता होगा, इसलिए रिसर्च ज्वाइन कर ली है।

ब्रह्मा : मेरा बस चलता तो कल ही उसकी शादी कर दी होती, मगर यहाँ तो तुम जानते हो।

गोपाल : घर में दो चार बच्चे होते तो उसका मन भी लगता। (**अचानक स्वर बदलकर**) तुमको तो फेमिली प्लानिंग वाले इनाम देने वाले हैं।

ब्रह्मा : क्यों? क्योंकि मेरी एक ही बेटी है?

गोपाल : नहीं।

ब्रह्मा : तो?

गोपाल : तुम्हारा फेमिली प्लानिंग का तरीका बिल्कुल अनोखा है। यूनीक–अद्वितीय।

ब्रह्मा : क्या मतलब?

गोपाल : मतलब यह है कि तुम बीच के इस कमरे में सोते हो–घर के भीतर जाने के रास्ते में। तुम खुद तो भीतर जाते ही नहीं, तुम्हारे यहाँ सोने से और कोई भी भीतर नहीं जा सकता। नतीजा जाहिर है–**(अपने मजाक पर स्वयं ही हँसता है)**

ब्रह्मा : क्या फालतू बक रहे हो। **(बात बदलते हुए)** मैं बस थोड़ी ही देर में कपड़े बदलकर आया। **(अलमारी में से तौलिया, कपड़े इत्यादि निकालता है।)**

(गोपाल कृष्ण जेब से ट्रांजिस्टर निकालकर चलाता है।)

उद्घोषक : **(ट्रांजिस्टर पर)** लीजिए अब पुलिस से प्राप्त समाचार सुनिए।

गोपाल : **(परिहास में)** सुनाइए।

उद्घोषक : लगभग पाँच बजे एक टैक्सी और बस के एक्सीडेण्ट में टैक्सी में बैठी एक औरत की मृत्यु हो गयी। मरने के पहले उसे कुछ होश आया था। उसने अपना नाम लज्जावती बताया। रमेश नाम का दस साल का लड़का कल शाम से लापता है–

(गोपाल ट्रांजिस्टर बन्द कर देता है।)

ब्रह्मा : **(जाते-जाते रुककर)** क्या नाम बताया?

गोपाल : लज्जावती।

ब्रह्मा : **(एकदम सोच में डूबते हुए)** इसका मतलब हुआ कि वह–?

गोपाल : **(बैठते हुए)** हाँ, इसका मतलब हुआ कि वह–

ब्रह्मा : चली गयी?

गोपाल : चली गयी।

ब्रह्मा : इतने अचानक?

गोपाल : भरोसा नहीं होता।

ब्रह्मा : ऐसे कैसे हो सकता है?

गोपाल : लेकिन हो गया।

ब्रह्मा : मौत तो मौत ही है–

गोपाल : दुःख तो होता ही है।

ब्रह्मा : चाहे किसी की भी मौत हो।

गोपाल : फिर वह तो तुम्हारी पत्नी थी।

ब्रह्मा : हाँ पत्नी थी।

गोपाल : कितने साल हो गये सादी को?

ब्रह्मा : तेईस साल से एक मकान में रह रहे थे—साथ-साथ।

गोपाल : तेईस साल से।

ब्रह्मा : इतने दिन कुत्ता भी साथ रहे तो उससे भी मोहब्बत हो जाती है।

गोपाल : **(एकदम)** फिर वह तो औरत थी।

ब्रह्मा : **(एकदम)** मुझे उससे मोहब्बत नहीं थी।

गोपाल : वह तो ठीक है।

ब्रह्मा : कुत्ते से मोहब्बत हो जाती है, लेकिन औरत से नहीं।

गोपाल : औरत के साथ कुछ सालों तक तो मोहब्बत रहती है—

ब्रह्मा : हाँ, हाँ बस कुछ साल तक ही रहती है—तेईस साल तक नहीं।

गोपाल : तेईस साल। पूरी एक पीढ़ी बीत गयी।

ब्रह्मा : कुत्ते की मुहब्बत तेईस साल तक बनी रहती है। लेकिन औरत की मोहब्बत कुछ साल तो, हर साल बढ़ती है।

गोपाल : फिर उसके बाद?

ब्रह्मा : फिर उसके बाद, हर साल, साल-ब-साल घटती है और उसके बाद नफरत।

गोपाल : तुम्हारी अपनी फिलॉस्फी है।

ब्रह्मा : साल-ब-साल नफरत बढ़ती है।

गोपाल : नफरत कब घटती है।

ब्रह्मा : कभी नहीं। वह हमेशा बढ़ती है—बुढ़ापे-सी।

गोपाल : बुढ़ापे-सी। वाह क्या मिसाल दी है।

ब्रह्मा : **(अचानक)** अरे वह लज्जा कैसे हो सकती है। वह तो अपनी कार से जाती है। टैक्सी में कैसे हो सकती है।

गोपाल : सच में, वह टैक्सी में कैसे हो सकती है।

ब्रह्मा : इतनी-सी बात याद नहीं रही।

गोपाल : अच्छे बेवकूफ बने।

ब्रह्मा : **(संजीदगी से)** मैं इतना भागवान नहीं हूँ।

गोपाल : **(बिना समझे)** क्या?

ब्रह्मा : वेदों में लिखा है, आदमी को करम भोग पूरे भोगने पड़ते हैं। अभी मेरे करम भोग पूरे नहीं हुए।

गोपाल : अच्छा है, इसी जनम में पूरे कर लो। नहीं तो अगले जनम के लिए

उधार रह गये तो–

ब्रह्मा : (**अपने आपसे**) किस साले चक्कर में पड़ गये। सूत न कपास, जुलाहे से लट्ठम लट्ठा। चलकर नहाया धोया जाये। (**तौलिया उठाकर घर के भीतर जाता है।**)

(**कुछ ही क्षणों में लौटकर वापस जाता है।**)

ब्रह्मा : (**चीखते हुए**) गोपाल!

गोपाल : (**घबराकर**) खैरियत तो है?

ब्रह्मा : अरे वह तो सचमुच ही लज्जा है।

गोपाल : लज्जा है।

ब्रह्मा : हाँ, लज्जा है।

गोपाल : तुम्हारी अकल तो ठीक है।

ब्रह्मा : वह लज्जा ही है।

गोपाल : कैसे?

ब्रह्मा : कल से उसकी कार बनने गयी है।

गोपाल : तो वह टैक्सी से दफ्तर गयी थी?

ब्रह्मा : और टैक्सी से लौट रही होगी।

गोपाल : तब तो वह लज्जा ही हो सकती है।

ब्रह्मा : अरे वही है।

गोपाल : तो इसका मतलब हुआ,–सचमुच चली गयी।

ब्रह्मा : गयी, एकदम गयी।

गोपाल : कितना अजीब लगता है।

ब्रह्मा : अजीब क्यों?

गोपाल : अभी-अभी थी, और अभी-अभी नहीं है।

ब्रह्मा : जब तुम मरोगे तब भी अजीब लगेगा। अभी-अभी था अभी-अभी नहीं है।

गोपाल : सायद सबके मरने पर यही लगता है।

ब्रह्मा : सिवा अपने मरने के

गोपाल : तो अब तुम इस घर के अकेले मालिक हो।

ब्रह्मा : सुनकर अच्छा नहीं लगता।

गोपाल : अब तो तुम्हारा करम भोग पूरा हुआ।

ब्रह्मा : पता नहीं कैसा लग रहा है।

गोपाल : क्यों?

ब्रह्मा : कुछ भी हो वह पतनी थी।

गोपाल : दुख का दिखावा करने की रसम होती है।

ब्रह्मा : हम लोगों में इतने सालों से बोलचाल नहीं थी–

गोपाल : **(व्यंग्य से)** और कुछ था?

ब्रह्मा : कुछ भी नहीं था, फिर भी चुपचाप साथ रहने की आदत थी।

गोपाल : एक दूसरे की पीठ के पीछे बुरा-भला कहने की आदत थी।

ब्रह्मा : आदत कोई भी हो, आदत तो आदत ही है–

गोपाल : **(पूरा करते हुए)** अच्छी या बुरी।

ब्रह्मा : नफरत की भी आदत हो जाती है। अब किससे नफरत करूँगा।

गोपाल : किसी बहाने सही, जाने वाले के लिए तुम्हें दुख तो हो रहा है।

ब्रह्मा : हाँ सचमुच दुख हो रहा है।

गोपाल : लज्जा ने अपनी इंस्योरेंस भी तो करवाई होगी।

ब्रह्मा : हाँ, लेकिन मुझे क्या?

गोपाल : कितने की इंस्योरंस थी?

ब्रह्मा : एक लाख की।

गोपाल : मुबारक।

ब्रह्मा : क्यों?

गोपाल : अब बनो मत यार।

ब्रह्मा : मुझे उसके पैसे से क्या?

गोपाल : तुम्हें नहीं होगा तो और किसे होगा?

ब्रह्मा : जब जिन्दा रहते उसका पैसा नहीं लिया तो क्या अब लूँगा।

गोपाल : तो क्या ब्रह्मानन्द जी वह पैसा सरकार को बाँट दोगे? वाह, जयसंकर भोले भाले ब्रह्मानन्द जी महाराज की जय।

ब्रह्मा : लेकिन वह पैसा मुझे क्यों मिलेगा?

गोपाल : तुम्हीं तो उसके बारिस हुए।

ब्रह्मा : मैं?

गोपाल : तुम्हीं तो उसके पति थे। थे न?

(ब्रह्मानन्द उत्तर नहीं देता।)

गोपाल : अरे कागज पर तो थे ही?

ब्रह्मा : **(सहमति से)** वह तो ठीक है।

गोपाल : तब पति के नाते तुम्हीं बारिस हो। यही नहीं, प्रॉबिडेण्ट फण्ड का सारा पैसा भी तुम्हें मिलेगा।

ब्रह्मा : पता नहीं कितना होगा।

गोपाल : मैं बताता हूँ। मैं जानता हूँ वह आजकल 1500 रु. महीना कटाती थी। इसका मतलब हुआ 18,000/= रुपया साल। अठारह साल में 3,24,000 और—

ब्रह्मा : हमेशा तो इतना कटाती नहीं थी। पहले कम कटाती थी।

गोपाल : तीन-साढ़े तीन लाख नहीं हुआ, औसतन ढाई लाख तो जरूर होगा।

ब्रह्मा : इसका मतलब हुआ ढाई लाख?

गोपाल : अरे मुँह लटकाये क्या बैठे हो—पूरे ढाई लाख की लाटरी निकली है। **(ब्रह्मानन्द चुपचाप बैठा रहता है।)**

गोपाल : यार, तुम्हारे यही तो चोंचले पसन्द नहीं आते। मन ही मन लड्डू फूट रहे होंगे, मगर ऊपर से क्या चेहरा बनाया है। वाह यार, मान गये तुमको। बहुत बड़े ऐक्टर हो।

ब्रह्मा : नहीं, यह बात नहीं है।

गोपाल : अच्छा बीवी के मरने पर डेढ़ आँसू गिराना जरूरी है। तो भाई गिराओ आँसू। मैं भी रस्म में साथ देता हूँ। **(देहातियों की तरह रोते हुए)** हाय लज्जा तुम चली गयीं, ब्रह्मानन्द को रंडुआ बना गयीं। **(ब्रह्मानन्द के गले लगते हुए)** हाय, अब क्या होगा? हाय मोरी मइया, अब क्या होगा?

(तब ही बाहर के द्वार से लज्जावती का प्रवेश। ब्रह्मानन्द उसे देख लेता है, लेकिन गोपाल नहीं देख पाता।)

ब्रह्मा : **(हकलाते हुए)** गो...गो...गोपाल...**(गोपाल के पेट में उँगली मारकर उसे सचेत करना चाहता है।)**

गोपाल : क्या गो गो करते हो? अब तो कहो कम, कम...**(तब ही उसकी निगाह लज्जा पर पड़ती है। एकदम अपने को सँभालकर)** ओह लज्जा देवी, आप।

लज्जा : हाँ मैं।

ब्रह्मा : **(तौलिया समेटकर)**, मैं नहाने जा रहा हूँ। **(सरपट घर के अन्दर भाग जाता है।)**

लज्जा : यहाँ कोई नाटक हो रहा था?

गोपाल : आप तो जानती हैं, हम लोग बचपन में भी साथ पढ़ते थे। तब ही एक तीसरे साथी की नकल कर रहे थे।

लज्जा : इस उमर में?

गोपाल : बुढ़ापे में बचपन दोबारा आ जाता है। बुड्ढे, बालक एक समान। खड़ी क्यों हो? बैठिए। बैठिए न।

लज्जा : (**बैठते हुए**) आज फिर तुम लोगों का वही प्रोग्राम है?

गोपाल : क्या किया जाये। जीने का कोई बहाना तो ढूँढ़ना ही पड़ता है।

लज्जा : मुबारक। तुम्हें कोई बहाना तो मिल गया। मुबारक।

गोपाल : सुक्रिया।

लज्जा : मुझे तो कोई बहाना नहीं मिला।

गोपाल : तुमको बहानों की क्या कमी?

लज्जा : मैं बहुत थक गयी हूँ।

गोपाल : अगर लज्जा देवी थक जाएँ तो फूल की कली भी कहेगी कि मैं रोज-रोज मुस्कराते थक गयी।

लज्जा : मज़ाक छोड़ो गोपाल। मैं भी तो इंनसान हूँ। रोज़-रोज़ भागते थक भी तो सकती हूँ।

गोपाल : भागना तो तुम्हारी आदत है।

लज्जा : भागते-भागते काँटा भी तो लग सकता है। मैं दर्द से कराह भी तो सकती हूँ।

गोपाल : तुम्हारे मुँह से यह सब बहुत अजीब लगता है।

लज्जा : लगता है मैं बूढ़ी हो रही हूँ।

गोपाल : तुम और बूढ़ी। जैसे दिन और रात। रेखा तुम्हारी बेटी नहीं, ऊपर नीचे की छोटी बहन लगती है।

लज्जा : चापलूस।

गोपाल : मुझे मौका दो न। तुम्हारी सभी थकान दूर न कर दूँ, तो मेरा नाम गोपाल कृष्ण नहीं।

लज्जा : (**अनसुना करके**) दस से पाँच तक बराबर दफ़्तर में सर खपाकर जब घर लौटती हूँ तो थक के चूर हो जाती हूँ। (**अपने आप**) घर लौटती हूँ, इस घर में। यह घर है? (**नफरत से**) यह घर है?

गोपाल : (**लज्जा की चूड़ियों से खेलते हुए**) कितने साल हो गये, उसकी याद अब भी है, मेरे रोयें-रोयें में। सच।

लज्जा : मुझे क्या मिला? क्या मिला इस घर में? नफ़रत, अवहेलना, बदनामी। इतने संघर्ष, इतनी मेहनत के बाद यही सब मिलना था, तो वह सब बेकार ही था।

गोपाल : (**हाथ पकड़कर, लाड़ से**) लज्जा...लज्जा, सुनो न लज्जा।

लज्जा : **(जैसे अपने ध्यान से लगाकर उसे सुनती है और आश्चर्य से उसे देखती है)** क्या है गोपाल?

गोपाल : तुम मुझे आज भी उतनी ही सुन्दर लगती हो—जैसी बरसों पहले, बरसों पहले...।

लज्जा : **(काटते हुए)** क्या पागलपने की बातें करते हो? **(हाथ छुड़ाती है।)**

गोपाल : बरसों पहले उस रात—**(रुककर)** क्या वह रात एक बार फिर वापस नहीं आ सकती?

लज्जा : नहीं, कभी नहीं।

गोपाल : क्यों?

लज्जा : क्योंकि गयी हुई रात दोबारा नहीं आती। जो बीत गया, बीत गया।

गोपाल : तो हम लोग एक नयी रात बनायेंगे। एक नयी याद बनायेंगे। सच लज्जा।

लज्जा : गोपाल, तुम क्या भूल गये? मुझे तुम्हारा यह पागलपन क़तई पसन्द नहीं। अगर तुम मुझसे बात करना चाहते हो तो यह पागलपन दूर करके ही मुझसे बात कर सकते हो।
(उठकर खड़ी हो जाती है।)

गोपाल : आज तुम कारपोरेसन में बहुत बड़ी आफिसर हो, चीफ वेलफेयर अफसर हो और मैं मामूली बाबू। इसीलिए न?

लज्जा : ईश्वर के लिए कोई और बात करो।

गोपाल : मुझे सब याद है। बरसों पहले तब तुम कारपोरेसन में मामूली 'इंवेस्टीगेटर' थीं।

लज्जा : **(तैश में)** हाँ, हाँ, मुझे भी सब याद है। बरसों पहले तब मैं कारपोरेशन में मामूली इंवेस्टीगेटर थी, घर-घर दरवाजे-दरवाजे दिन भर भटका करती थी। तब मैंने तुमसे कहा था कि तुम मेयर प्रेम बन्धु जी को जानते हो। उनसे मेरी सिफ़ारिश करके मेरा प्रोमोशन करवा सकते हो।

गोपाल : क्या मैंने झूठ कहा था? मेरे उनसे मिलाने के बाद ही तुम्हारा प्रोमोशन हुआ—बीसियों की सुपरसीड करके।

लज्जा : ऐहसान किस बात का जताते हो। मिलाने की तुमने फ़ीस माँगी थी, वह मैंने तुम्हें दी। बात बराबर।

गोपाल : प्रेमबन्धु जी तुमको हर साल एक प्रोमोसन दिलाते गये।

लज्जा : वह शौक़ीन आदमी थे। मैं उनसे काम लेना जानती थी और काम

लिया। और भी लड़कियाँ **थीं**। वह उनसे काम नहीं ले पायीं। यह तो अपनी-अपनी अक़्ल है। तुम्हारी इसमें कौन-सी कारीगरी?

गोपाल : क्या तुम मुझसे इतनी नफरत करती हो। एक बार काम निकल जाने के बाद दूध से मक्खी-सा फेंक दिया?

लज्जा : न मैं तुमसे नफ़रत करती हूँ न प्यार।

गोपाल : मैं तो तुमसे प्यार करता हूँ।

लज्जा : प्यार?

गोपाल : सच लज्जा, मैं तुमसे अब भी प्यार करता हूँ। उसी रात से, बरसों पहले की उसी रात से।

लज्जा : **(व्यंग्य से)** वही प्यार! जिसकी क़सम तुम और ब्रह्मानन्द हर हफ़्ते ठर्रा पीकर वेश्याओं के सामने खाते हो?

गोपाल : **(चिढ़कर)** वह रंडिया तुमसे तो लाख दर्जे अच्छी होती हैं।

लज्जा : **(एकदम हँसकर)** वाह आ गये गाली-गलौज पर। कहाँ गया प्यार?

गोपाल : वह जो हैं वह हैं। मजबूरी में पेट भरने के लिए कुछ भी करें। तुम्हारी तरह सराफत, घर, गिरहस्थी का खोल नहीं पहनतीं।

लज्जा : तो फिर ले आओ उनको अपने घर।

गोपाल : हर इस उस आदमी के नीचे लेटकर प्रोमेसन पाये और सान बघारती हैं अपनी अफसरी की।

लज्जा : गोपाल, अपने आपे में रहो, नहीं तो...।

गोपाल : **(काटते हुए)** तुम मेरा इस घर में आना रोक दोगी। वह तुम नहीं रोक सकतीं। यह मकान ब्रह्मानन्द का है।

लज्जा : भाड़ में जाओ तुम और तुम्हारा ब्रह्मानन्द। कीचड़ में ईंट मारने से होगा ही क्या? **(अन्दर जाने लगती है।)**

गोपाल : **(एकदम रास्ता रोककर)** मैं अब भी सुलह करने को तैयार हूँ।

लज्जा : सुलह। तुमसे?

गोपाल : मैं जानता हूँ, तुम मुझसे नफरत करती हो। न तो अब मैं तुम्हें प्रोमेसन दिला सकता हूँ और न मैं अब नयी उमर का छोकरा हूँ, जिनकी तुम तलास किया करती हो।

लज्जा : **(सख़्ती से)** गोपाल! **(उससे दूर हटकर खड़ी हो जाती है)**

गोपाल : मेरा मतलब है—धनेस—या रोहित जैसा—**(स्वर बदलकर)** सच पूछो तो लज्जा, तुम भी तो अब ढीली पड़ गयी हो। आखिर उम्र भी तो हुई। जब बेटी जवान होगी तो माँ कैसे जवान रह सकती है। रेखा

को देखकर लगता है तुम्हीं दोबारा जवान हो गयी हो। दो एक बार तो मैं उसे धोखे में पुकार बैठा—लज्जा।

लज्जा : तुम घटिया आदमी हो। ख़तरनाक भी। मुझे रेखा से कहना होगा।

गोपाल : क्या कहोगी? गोपाल किसन मेरा पुराना प्रेमी है?

लज्जा : मैं कुछ भी हूँ, रेखा की माँ हूँ। मैं चाहूँगी वह तुमसे दूर रहे। उसकी जल्दी से ज़ल्दी शादी हो जाये तो...।

गोपाल : मेरी तरफ से तो हाँ है। पण्डित को बुलायें, सायत निकलवाने? **(वह कुर्सी से गद्दी उठाकर मारती है। गोपाल बच जाता है, लेकिन वह घर के अन्दर से बाहर निकलते ब्रह्मानन्द को लगती है)**

(ब्रह्मानन्द और लज्जा एक-दूसरे को एक क्षण देखते हैं।)

ब्रह्मानन्द : **(घटना की अवहेलना करते हुए)** बहुत देर हो गयी गोपाल, आओ चलें। **(चलते-चलते रुककर, पुकारते हुए।)** विलायती, विलायती।

विलायती : **(भीतर से)** जी सरकार!

ब्रह्मानन्द : आज रात को मैं खाना नहीं खाऊँगा। **(गोपाल से)** आओ चलें।

(दोनों का बाहर प्रस्थान)

(लज्जा दोनों को जाते हुए देखती है। फिर थकी-सी एक कुर्सी पर बैठ जाती है।)

(थोड़ी देर बाद बाहर से रेखा का प्रवेश)

लज्जा : दरवाज़ा बन्द कर दो।

(रेखा दरवाजा बन्द करती है।)

लज्जा : कहाँ से आ रही हो?

रेखा : **(ठिठककर)** ऐसे ही।

लज्जा : ऐसे ही क्या...?

रेखा : लाइब्रेरी गयी थी—और...**(कहते-कहते रुक जाती है।)**

लज्जा : और अपने प्रेमी से मिलने गयी थी?

रेखा : **(सख़्ती से)** ममी!

लज्जा : इसीलिए सुबह जल्दी में खाना नहीं खाया?

रेखा : मैं चाहे जहाँ जाऊँ, कुछ भी करूँ, किसी से भी मिलूँ—तुमसे मतलब? कौन होती हो मुझसे पूछने वाली?

लज्जा : जब चाहा तब खाया, जब चाहा तब नहीं। क्या समझा है इसे? होटल या धर्मशाला?

रेखा : यह न घर है, न होटल और न धर्मशाला।

लज्जा : तो?

रेखा : जेल। जहाँ तरह-तरह की सज़ायें दी जाती हैं, 'टॉरचर' किया जाता है।

लज्जा : तो क्यों जेल में पड़ी है?

रेखा : निकल ही जाऊँगी।

लज्जा : देर किस बात की है?

रेखा : जिस दिन नौकरी मिलेगी उसी दिन चली जाऊँगी।

लज्जा : नौकरी मिल चुकी–

रेखा : कहो तो वैसे ही चली जाऊँ?

लज्जा : मुझे एम. ए. करने के पन्द्रह दिन के भीतर नौकरी मिल गयी थी, तुझे महीनों हो गये?

रेखा : यह मेरी ग़लती है?

लज्जा : आज यूनिवर्सिटी से लेटर आया है। पिछले महीने तुमने इण्टरव्यू दिया था?

रेखा : हाँ।

लज्जा : तुम 'सेलेक्ट' नहीं हुई?

रेखा : मैं क्या करूँ।

लज्जा : तू नहीं करेगी तो क्या मैं करूँगी?

रेखा : मैं कर ही क्या सकती हूँ?

लज्जा : 'सेलेक्शन कमेटी' के सब लोगों को तू जानती थी, फिर तेरा 'सेलेक्शन' क्यों नहीं हुआ?

रेखा : मैं क्या करूँ? **(दाँयें कमरे की ओर चल पड़ती है)**

लज्जा : औरत क्या नहीं कर सकती।

रेखा : **(रुककर, कुछ क्षण गौर से देखकर)** औरत क्या नहीं कर सकती? वह तुम्हारी तरह नौकरी पा सकती है। प्रमोशन पा सकती है।

लज्जा : **(एकदम क्रोध से रेखा की बाँह पकड़कर)** रेखा!

रेखा : **(अपने को छुड़ाकर)** औरत क्या नहीं कर सकती। वह अपने पति को निकम्मा बना सकती है। उसे शराबी और बेवक़ूफ़ बनने पर मजबूर कर सकती है।

लज्जा : अपने जिस बाप की हिमायत लेकर तू बोल रही है उसने मुझे क्या दिया है। अगर मैंने उसके अफ़सरों से कोशिश न की होती, वह 'सेक्शन ऑफिसर' भी न बन पाता। बना रहता बाबू का बाबू।

रेखा : अच्छा होता अगर 'प्रमोशन' न पाते। आज तुम्हारे आगे इज़्ज़त से सिर तो उठा पाते।

लज्जा : बड़ा मोह आ रहा है बाप पर। तो ले जा अपने साथ। मुझे नहीं ज़रूरत तुम दोनों में से किसी की।

रेखा : जिससे तुम बेशर्मी से अपने से आधी उम्र के लड़कों के कमरों में रात को जा सको।

लज्जा : क्या बकती है?

रेखा : तुम जानती हो।

लज्जा : मैं कुछ नहीं जानती।

रेखा : क्यों गयी थीं तुम रोहित के कमरे में?

लज्जा : मैं नहीं गयी थी।

रेखा : तुम गयी थीं।

लज्जा : (**चीखते हुए**) नहीं।

रेखा : तुम गयी थीं।

लज्जा : (**एकदम टूटकर**) नहीं, मैं नहीं गयी। (**फूटकर रोते हुए**) मैं नहीं गयी। मैं नहीं गयी। (**रोते हुए**) मैं जानकर नहीं गयी। अपने आप नहीं गयी। मैं नहीं जानती मैं कैसे चली गयी वहाँ। मैं जानकर नहीं गयी। (**रोती है**)

(**रेखा रोती हुई लज्जा को घृणा से देखती है**)

लज्जा : (**अपने को सँभालकर**) मैं कितनी अकेली हूँ। रात को मुझे नींद नहीं आती। पहले नींद की गोलियाँ खाकर नींद आती थीं, अब गोलियाँ भी बेकार हैं। असर नहीं करती। मैं नींद के लिए तड़पती, तरसती, घर में इस कमरे से उस कमरे में मँडराती हूँ—भूत-सी। उसी में कब चली गयी रोहित के कमरे में, मैं नहीं जानती। यह अकेलापन एक दिन मुझे खा लेगा। ख़त्म कर देगा। क्या मेरा दिल नहीं चाहता कि अपने छोटे-छोटे सुख-दुख किसी से बाँटूँ। मगर कौन है मेरा। मैं इतनी अकेली हूँ। कोई भी तो नहीं जिसके कंधे पर सिर रखकर रो सकूँ। अपना जी हल्का कर सकूँ। कोई भी तो नहीं। (**अचानक फिर रोने लगती है**) कोई भी तो नहीं।

(**अन्तराल-अन्धकार**)

दृश्य—बायाँ कमरा

(बाहर से घण्टी की आवाज। विलायती भीतर से आकर, कमरे की बत्ती जलाता है फिर दरवाजा खोलता है। रोहित का प्रवेश)

विलायती : आज तो बहुत देर कर दी रोहित साहब! आज सुबह खाना भी नहीं खाया।

रोहित : **(चलते हुए)** ऐसे ही कुछ—

दृश्य—दायाँ कमरा

(दायें कमरे में जाकर रोहित खिड़की के दरवाजे खोलता है। बाहर से लाल-नीली नियोन की रोशनी अन्दर आती है। थोड़ी देर खड़े होकर, वह कुर्सी पर थका-सा बैठता है। कुछ देर बाद हाथ में चाय की ट्रे लिए भीतर से रेखा का प्रवेश)

(चाय की ट्रे मेज पर रखकर रेखा बिजली का स्विच आन करती है। विचार में मग्न, आँख बन्द किये बैठा रोहित चौंककर उठ खड़ा होता है।)

रेखा : लगता है समाधि में थे। मेरा आना भी पता नहीं लगा।

(रोहित उत्तर नहीं देता।)

रेखा : बिना कुछ खाये ही सुबह चले गये। पता नहीं दिन में कुछ खाया भी? **(चाय का प्याला लेकर रोहित के एकदम निकट आती है।)**

रेखा : "ह्वाट डू यू वान्ट? टी, कॉफ़ी और भी...?" **(मुस्कराती है)**

(रोहित घूमकर उसकी ओर देखता है, फिर मुँह मोड़कर दूर चला जाता है।)

रेखा : तुम मुझसे नाराज़ हो? **(रुककर)** बहुत नाराज़ हो? मुझसे नाराज हो, अपने से तो नहीं, तो अपने को क्यों सज़ा दे रहे हो, भूखे रहकर।

(रोहित उत्तर नहीं देता)

रेखा : देखो रोहित, मैं तुम्हारे हाथ जोड़ती हूँ। तुम मुझसे नफ़रत करते हो तो करो, इस तरह चुप न रहो। तुम्हारी चुप्पी मैं सहन नहीं कर पाऊँगी। भगवान् के लिए बोलो। मुझे गाली दो। मुझे मारो। मेरा गला घोंट दो। लेकिन इस तरह से चुप न रहो। बोलो। कुछ बोलो। नहीं तो मैं पागल हो जाऊँगी। बोलो। **(अचानक चीखते हुए)**

रो...हि...त!

रोहित : क्या है? इस तरह चीख़ने की क्या जरूरत?

रेखा : पूछो। तुम कुछ पूछना चाहते थे। पूछो।

रोहित : मुझे कुछ नहीं पूछना।

रेखा : मैं सब कुछ बताऊँगी। धनेश के बारे में। मम्मी और पिताजी के बारे में। जिसके भी बारे में तुम जानना चाहोगे।

रोहित : मुझे कुछ नहीं पूछना।

रेखा : मैं सच बताऊँगी। बिल्कुल सच। कुछ भी नहीं छिपाऊँगी—तुमसे।

रोहित : मैं सब कुछ जानता हूँ।

रेखा : क्या जानते हो?

रोहित : यही कि तुम अपनी माँ की बेटी हो—

रेखा : (**करुणा से**) रोहित, मुझे गाली न दो।

रोहित : (**जेब से चिट्ठी निकालकर**) यह देखती हो, क्या है?

रेखा : धनेश का ख़त।

रोहित : (**नफरत से**) धनेश का प्रेम-पत्र। अब भी तुम कहोगी, तुम मुझसे प्रेम करती हो।

(रोहित आवेश में रेखा के थप्पड़ मारता है, फिर अपने किये पर स्वयं ही स्तम्भित, सहमा-सा दूर हट जाता है।)

रेखा : रोहित, एक थप्पड़ और मारो।

रोहित : रेखा, मुझे समझने की कोशिश करो। हम छोटे शहर के लोग जिसे एक बार प्यार करते हैं उसे जी-जान से प्यार करते हैं। उसके लिए जान भी दे सकते हैं। उसे इतना अपना समझते हैं कि बीच में किसी की परछाईं तक बर्दाश्त नहीं कर सकते। किसी तीसरे का नाम भी हमें पागल कर देता है। ख़ून में आग भर देता है। तुम लोगों की तरह नहीं, जिनके लिए प्रेम सिर्फ़ एक खिलवाड़ होता है। मन बहलाने के लिए। आज इसके साथ रेस्ट्राँ, तो कल उसके साथ सिनेमा और परसों किसी के साथ होटल के कमरे में।

रेखा : मैं तुम्हारा इन्तजार कर रही थी रोहित, सिर्फ़ तुम्हारा।

रोहित : अब यह सुनना भी अच्छा नहीं लगता।

रेखा : जो मैंने हमेशा सपना देखा तुम्हारे जैसे साथी का, जो मेरा हो, सिर्फ़ मेरा। जो अपना अकेला अधिकार मुझ पर जमाये। उस अधिकार के लिए लड़ सके, झगड़ सके, तुम्हारी तरह मुझे मार भी सके। पिताजी

की तरह नहीं, जो सब कुछ सहकर, आँख बन्द कर लें।

रोहित : रेखा, अब मेरे और तुम्हारे बीच कुछ नहीं बचा। सब कुछ ख़त्म हो चुका है।

रेखा : तब दो अजनबियों की तरह बात करना और आसान है। अब मैं तुम्हें बिना किसी भावना के, तटस्थ होकर, बता सकती हूँ धनेश कौन है। मेरा धनेश का क्या सम्बन्ध है।

रोहित : मैं नहीं जानना चाहता।

रेखा : धनेश तो बहुत बाद में आया। कहानी तो बहुत पहले शुरू हुई थी। कहानी तो उस चार-पाँच साल की लड़की से शुरू होती है, जिसके माँ बाप नौकरानी के सहारे उसे घर छोड़कर रोज़ अपने-अपने दफ़्तर चले जाते थे। नौकरानी उसे मारती थी, झिड़कती थी। कभी-कभी उसका दूध ख़ूद पी जाती थी, फिर भी वह नौकरानी को अपना समझती थी। उसी के साथ सोती थी। उसके बिना रोती थी और एक दिन नौकरानी छोड़कर चली गयी। वह लड़की उस रात अपनी माँ के साथ सोयी, जो उसके लिए अजनबी थी। इसलिए नौकरानी के लिए कई बार रोयी। जितनी बार रोयी उतनी बार उसके गाल पर थप्पड़ पड़े। वह सहमकर चुप हो गयी है? लेकिन सोते में सिसकियाँ लेती रही।

रोहित : मुझे बताने से क्या फ़ायदा?

रेखा : क्या तुम सुन भी नहीं सकते? **(रुककर)** दूसरे दिन माँ उसे घर में अकेला छोड़कर बाहर से ताला बन्द करके दफ़्तर गयी। पहले वह रोयी, रोती रही। फिर उसने बहुत जल्दी ही जान लिया कि रोने से कोई फ़ायदा नहीं। सहमी-सी, चुप, वह दिन भर अकेली बैठी रही। उसने आँसू पीना सीख लिया। वह अपनी उम्र से बहुत ज़्यादा समझने लगी। उसे पता लग गया कि उसके माँ और बाप दोनों ही उससे नफ़रत करते हैं। औलाद माँ-बाप के प्रेम की निशानी होती है, लेकिन वह लड़की उनकी नफ़रत की निशानी थी। रोहित, मैं अपने माँ-बाप की नफ़रत की निशानी हूँ।

रोहित : मत कहो मुझसे यह सब।

रेखा : पिता जी मुझमें मेरी मम्मी की सूरत देखते और मम्मी पिताजी की। दोनों मुझसे नफ़रत करते। किसी तरह मैं स्कूल गयी, तब ही मेरे पैरों में दर्द होने लगा। मैं अस्पताल मैं दाख़िल कर दी गयी। मैं

महीनों अस्पताल में अकेली पड़ी रही। बिल्कुल अकेली। मेरे पैर का दर्द और बढ़ गया। डाक्टर बीमारी का पता नहीं लगा पाये। बहुत टेस्ट किये, महीनों अस्पताल में रखा, लेकिन सब बेकार। जब अस्पताल से निकली, तो कंधों के नीचे बैसाखी थी। बैसाखी लेकर स्कूल जाती, लड़कियाँ चिढ़ातीं—लँगड़ी-लँगड़ी। लेकिन ईश्वर इतना अन्यायी नहीं था। उसने मुझे अच्छा दिमाग़ दिया था। मैं क्लास में फ़र्स्ट आयी। दूसरे साल फिर फ़र्स्ट आयी। तीसरे साल फिर फ़र्स्ट आयी और मेरी टाँगे अपने आप ठीक हो गयी। फिर तो मैं दौड़ में फ़र्स्ट आयी। दौड़ में **(खुशी से)** लँगड़ी लड़की दौड़ में फ़र्स्ट आयी। लँगड़ी लड़की दौड़ में फ़र्स्ट। **(हँसते-हँसते रोने लगती है)** दौड़ में फ़र्स्ट...दौड़ में फ़र्स्ट...लँगड़ी लड़की। **(रोते हुए हिचकी बँध जाती है।)**

(रोहित पास जाकर रेखा के कंधे पर हाथ रखता है। हाथ के स्पर्श से रेखा सजग होती है और अपने को सँभालती है।)

रेखा : घर में मुझे जो नहीं मिला, उसकी कमी पूरी करने के लिए मैंने एक सपनों के संसार की रचना की। जब भी अकेली होती, सपनों में खो जाती। कल्पना का भविष्य कितना सुनहरा होता है, यह वही जानता है, जिसके जीवन में केवल अभाव ही हों। तभी सपने में मैंने देखा कि कोई राजकुमार मेरे लिए आने वाला है जो सिंड्रेला की तरह मुझे इस घर से ले जाएगा, अपनी जगमगाती दुनिया में। उन्हीं दिनों आया मेरे जीवन में धनेश। मैं समझी यही है वह राजकुमार। लेकिन वह राजकुमार नहीं, काले पहाड़ का राक्षस था। मैं पहले प्यार की आँधी में भी राजकुमार में छिपे राक्षस की झलक पा गयी। इसके पहले कि मैं अपने आपको उस पर लुटा देती, मम्मी ने उसकी ओर हाथ बढ़ाया। मैंने .ख़ुद ही उसे अपनी मम्मी को दे दिया।

रोहित : **(नफरत से)** तुम्हारी मम्मी!

रेखा : वह कहती हैं वह बहुत अकेली हैं। शायद अकेली हैं भी। तब ही ग़रीब की तरह हर एक के आगे हाथ फैलाती घूमती हैं। वह नहीं जानतीं, ग़रीबी मन की भी होती है। वह हाथ फैलाने से नहीं जाती।

रोहित : तुम बहुत समझदार हो।

रेखा : बिना माँ-बाप के बच्चे अपनी उम्र से जल्दी समझदार हो जाते हैं।

रोहित : हम लोग अच्छे दोस्त हो सकते हैं।

रेखा : दोस्त नहीं हैं क्या?

रोहित : **(सोचते हुए)** हैं क्यों नहीं। तब ही तो मुझे अपने बारे में बता रही हो।

रेखा : और तुम सुन रहे हो।

रोहित : **(सहमति से)** और मैं सुन रहा हूँ।

रेखा : और तब तुम आये, मुरादाबाद। मुझे लगा तुम्हीं वह राजकुमार हो जो मुझे ढूँढ़ते हुए यहाँ आये हो। मुझे इस घर से, इस क़ैदख़ाने से, इस नरक से मुक्ति दिलाने।

रोहित : रेखा, मैं आज रात को जा रहा हूँ।

रेखा : जा रहे हो?

रोहित : घण्टे भर बाद ही मेरी ट्रेन है। मैं टिकट लेकर आया हूँ।

रेखा : जाओ रोहित। हम लोगों को तुम्हें रोकने का अधिकार ही कहाँ है।

रोहित : रेखा!

रेखा : इस गन्दे, बदबूदार अँधेरे घर से अपनी उजली दुनिया में जितनी जल्दी जाओ, उतना ही अच्छा।

बायाँ कमरा

(बाहर दरवाजे पर जोर से भड़भड़ाने की आवाज। तेज-तेज घण्टी बजने की आवाज। विलायती भीतर से आकर बाहर का दरवाजा खोलता है। शराब के नशे में धुत्त, लड़खड़ाते हुए गोपाल कृष्ण तथा ब्रह्मानन्द का प्रवेश। दरवाजा खोलकर विलायती भीतर चला जाता है।)

दायाँ कमरा

(रेखा और रोहित बाँयें कमरे से दोनों को देखते हैं।)

बायाँ कमरा

गोपाल : जब आयी जवानी आँख पर–

ब्रह्मा : बिना लड़ाये रहा न जाये।

गोपाल : जब आये जवानी होंठ पर–

ब्रह्मा : **(सोफे पर लुढ़कते हुए)** बिना चुमाये रहा न जाये।

गोपाल : जब आये जवानी जाँघ पर—

(ब्रह्मानन्द जवाब नहीं देता।)

गोपाल : **(ब्रह्मानन्द को देखकर)** लुढ़क गया एकदम। **(अचानक उसकी निगाह दाँयें कमरे की रोशनी पर जाती है, वह उधर गाता हुआ बढ़ता है।)** जब आयी जवानी आँख पर—

दायाँ कमरा

(गोपाल का दायें कमरे में प्रवेश)

गोपाल : **(रेखा और रोहित को देखकर, अर्थपूर्ण स्वर और मुद्राओं में)** बिना लड़ाये रहा न जाये—**(लौटकर बायें कमरे में आता है।)**

बायाँ कमरा

(बायें कमरे में जाकर दाहिने कमरे की ओर देखकर, उधर हवाई-चुम्बन हाथों से फेंकता है, फिर गाता है, घूमता, लँगड़ाता बाहर चला जाता है। ब्रह्मानन्द शराब के नशे में क़ै करता है।)

दायाँ कमरा

रेखा : चला गया। **(रुककर)** यही है मेरी दुनिया।

रोहित : दरवाज़ा खुला छोड़ गया। मैं बन्द करता हूँ। **(बायें कमरे में जाता है)**

बायाँ कमरा

(रोहित बाहर का दरवाजा बन्द करता है। उसकी आवाज से ब्रह्मानन्द चौंककर उठ बैठता है)

ब्रह्मानन्द : दरवाज़ा किसने बन्द किया?

रोहित : मैंने।

ब्रह्मानन्द : कौन हो तुम दरवाजा बन्द करने वाले? यह तुम्हारे बाप का घर है—उल्लू के पट्ठे। **(मारने को हाथ चलाता है, लेकिन उसी झटके**

में खुद गिर जाता है) बड़ा आया दरवाजा बन्द करने वाला। **क्यों बन्द** किया दरवाजा? बोलता नहीं साला। गूँगा हो गया? **(उठकर निकट आकर चीखते हुए)** खोलो दरवाजा।

(रोहित दरवाजा खोलने जाता है।)

ब्रह्मानन्द : **(हताश, थकित सोफे पर बैठते हुए)** नहीं...नहीं...नहीं... कोई फायदा नहीं। कोई फायदा नहीं। ऑक्सीजन कहीं नहीं है। बाहर भी ऑक्सीजन नहीं है। भीतर भी ऑक्सीजन नहीं है। कहीं ऑक्सीजन नहीं है। कहीं भी ऑक्सीजन नहीं। **(अतीव करुणा से)** कहाँ चली गयी ऑक्सीजन? कुछ पता नहीं। **(रोहित के निकट आकर)** किसने चुरा ली सब ऑक्सीजन। किसने चुरा ली। **(रोहित का कंधा पकड़कर)** इतनी भी ऑक्सीजन नहीं। बिल्कुल भी नहीं। कहाँ चली गयी? ऑक्सीजन किसने चुरा ली? **(रोते-रोते रोहित के पैरों पर अपना सर रख देता है, और वहीं लेट जाता है।)** चुटकी भर भी ऑक्सीजन नहीं।

(रोहित पैर छुड़ाकर दायें कमरे में जाता है।)

(जमीन पर पड़ा हुआ ब्रह्मानन्द कै करता है, फिर वहीं गिर जाता है और बेसुध हो जाता है।)

दायाँ कमरा

रोहित : कितनी बदबू है।

रेखा : मम्मी कहती हैं—हमारे पास क्या नहीं है—कार, टेलीविजन, फ्रिज, टी.वी. एयर कण्डीशनर, कूलर। लेकिन फिर भी इतनी बदबू है? गन्दगी है?

रोहित : मुझे अब जाना चाहिए।

रेखा : तुम ठीक कहते थे। इनके बिना भी तो आदमी सुखी रह सकता है। जीने के लिए कुछ और ही चाहिए। प्यार, विश्वास।

रोहित : रेखा, अब मुझे जाना चाहिए।

रेखा : हाँ रोहित, तुम्हें जाना चाहिए। जितनी जल्दी हो सके, तुम्हें यहाँ से जाना चाहिए। यहाँ की गन्दगी और बदबू में कोई कैसे रह सकता है? **(रोहित उत्तर नहीं देता)**

रेखा : तुम्हारा सामान?

रोहित : मैंने सुबह ही पैक कर दिया था। थोड़ा-सा बचा है अभी रखे देता हूँ।

रेखा : तुम सामान रखो। मैं टैक्सी के लिए भीतर से टेलीफोन करती हूँ। **(रेखा दायें कमरे में जाने लगती है, वैसे ही पीछे से रोहित रेखा की बाँह पकड़ लेता है)**

रेखा : क्या है?

रोहित : रेखा, मैं तुमसे कुछ कहना चाहता हूँ।

रेखा : कहो।

रोहित : इतने दिन इस घर में रहने पर, कुछ भी नहीं छिपा मुझसे। तुम्हारे पिताजी, मम्मी, गोपालकृष्ण, धनेश, विलायती–सबके सब ज़िम्मेदार हैं इस घर की गन्दगी के लिए। कैसे रहोगी तुम इस गन्दगी में?

रेखा : जैसे अब तक रहती आयी हूँ।

रोहित : नहीं रेखा, मैं तुम्हें इस गन्दगी में नहीं रहने दूँगा।

रेखा : कैसे नहीं रहने दोगे? कैसे निकालोगे मुझे इस गन्दगी से?

रोहित : तुमसे शादी करके।

रेखा : **(व्यंग्य से)** शादी!

रोहित : **(दृढ़ निश्चय से)** हाँ, शादी!

रेखा : **(करुणा से)** यह बात तो कब की ख़त्म हो चुकी रोहित।

रोहित : नहीं रेखा। वह ख़त्म नहीं हुई। सच, मैं तुमसे शादी करूँगा।

रेखा : **(दुर्बलता से)** रोहित!

रोहित : इस घर की गन्दगी और बदबू किसी को भी कुचलकर उसकी जान ले सकती है। मैं तुम्हें अब इसमें बिल्कुल नहीं रहने दूँगा। बोलो, चलोगी मेरे साथ?

रेखा : नहीं रोहित, नहीं। यह अब कैसे सम्भव हो सकता है?

रोहित : मैं इंजीनियर हूँ। इतना कमाता हूँ कि तुमको सपोर्ट कर सकूँ। तुम्हारा साथ मेरा सौभाग्य होगा। क्या तुम्हें मुझसे शादी करना स्वीकार है?

रेखा : मुझे सोचने दो।

रोहित : मैं यह जानता हूँ कि मैं यह कहने का अधिकार खो चुका हूँ। मैं नहीं जानता किन शब्दों में तुमसे माफ़ी माँगूँ। एक बार तुम मुझे माफ़ नहीं कर सकती?

रेखा : रोहित! कहीं अपनों से भी माफ़ी माँगते हैं?

रोहित : रेखा, मैं तुम्हें सब कुछ दूँगा। सब—कुछ। इज्ज़त, नाम, सुरक्षा, एक छोटा-सा घर (**रुककर**) और निधि भी।

(रेखा, रोहित की फैली बाँहों में समा जाती है। उसके सीने में अपना सर छिपाती है)

रेखा : मुझे तुम्हारी हर बात स्वीकार है। मैं नहीं रहना चाहती इस गन्दगी में। मैं तुम्हारे साथ चलने को तैयार हूँ।

रोहित : (**दुलार से**) तो आओ चलें।

रेखा : चलो।

रोहित : तुम कुछ अपना सामान लोगी?

रेखा : नहीं। मेरे सामान, मेरे अलंकार, सब कुछ तुम्हीं हो। मैं-मैं ऐसे ही तुम्हारे साथ चलूँगी।

रोहित : अपनी मम्मी से बता दो।

रेखा : कोई ज़रूरत नहीं। मैं उनके लिए एक ख़त लिखकर छोड़ जाऊँगी।

रोहित : विलायती को दस रुपये के साथ दे देंगे। वह मम्मी को कल सुबह ही देगा।

रेखा : तो मैं टैक्सी को फ़ोन करके आती हूँ।

(रेखा घर के भीतर जाती है। रोहित जल्दी-जल्दी सामान पैक करता है। थोड़ी देर बाद रेखा भीतर से आती है।)

रेखा : टैक्सी को फ़ोन कर दिया, बस दो मिनट में पहुँच जायेगी।

रोहित : यह लो पेन और काग़ज़। अपनी मम्मी को ख़त लिख दो।

(रेखा पेन और कागज लेकर बैठ जाती है। लिखने के पहले सोचती है।)

रोहित : अरे सोच क्या रही हो? जल्दी से साफ़-साफ़ लिख दो—चार लाइनों में...मैं रोहित के साथ जा रही हूँ, शादी करके उसके घर को स्वर्ग बनाने। तुम अपने घर ख़ुश और हम अपने घर ख़ुश। (**बाहर से टैक्सी के हार्न की आवाज़)**

रेखा : शायद टैक्सी आ गयी।

रोहित : मैं देखता हूँ।

(रोहित बाँयें कमरे से होता हुआ बाहर जाता है। रेखा वैसे ही सोचती बैठी रहती है। थोड़ी देर में रोहित वापस आता है)

रोहित : हाँ टैक्सी आ गयी। (**अपनी अटैची वगैरा उठाता है।**) अरे यह क्या?

तुमने कुछ नहीं लिखा अब तक।

रेखा : रोहित, मैं नहीं जा रही तुम्हारे साथ।

रोहित : क्यों?

रेखा : मैं नहीं जाना चाहती।

रोहित : आख़िर क्यों?

रेखा : तुम मुझसे शादी करोगे?

रोहित : हाँ।

रेखा : क्यों?

रोहित : **(सोचते हुए)** क्योंकि क्योंकि...

रेखा : इस घर में बहुत बदबू है? सड़न है? कीचड़ है?

रोहित : हाँ।

रेखा : तुम शादी करके, मुझे इस कीचड़ से निकालना चाहते हो?

रोहित : हाँ।

रेखा : रोहित, मैं नहीं जा सकती तुम्हारे साथ।

रोहित : आख़िर क्यों?

रेखा : तुम मुझपर तरस खाकर मुझे इस कीचड़ से निकालना चाहते हो। मैं उस दिन का इन्तज़ार करूँगी जिस दिन कोई राजकुमार मुझपर तरस खाकर नहीं, सिर्फ़ मेरे लिए, मेरे प्यार के लिए, मुझे इस घर से निकालेगा।

रोहित : **(झुँझलाकर)** तुम तो रेखा बस–

रेखा : **(दृढ़ निश्चय से)** नहीं, रोहित नहीं। तुम जाओ अब देर हो रही है। **(रोहित सोचता-सा खड़ा रहता है, तब आदेश के स्वर में)** जाओ रोहित।

रोहित : **(कोमलता से)** रेखा, मेरी रेखा! **(रेखा उत्तर नहीं देती।)**

रोहित : **(बाँहों में लेते हुए)** रेखा!

रेखा : **(दृढ़ता से)** जाओ रोहित। मैं कहती हूँ जाओ।

(सँभालकर अप्रत्याशित अवहेलना से स्तम्भित रोहित कुछ देर रेखा को देखता है। फिर उदास-सा घर के बाहर जाता है। रोहित के जाने के बाद)

रेखा संवारती है। फिर अपने को कमरे की बत्ती बन्द करके खिड़की के बाहर देखती है। बाहर से आने वाली लाल-पीली नियोन लाईट के प्रकाश में उसका उदास चेहरा दिखायी पड़ता है। दायें कमरे में

ब्रह्मानन्द क़ै करते हैं। नैपथ्य से करुण संगीत उभरता है।* तभी घर के बाहर के दरवाजे से रोहित वापस आता है। यह दायें कमरे में जाकर चुपचाप खड़ा होकर रेखा को देखता है। रेखा को उसका आना पता नहीं चलता। तभी अचानक वह बढ़कर रेखा को उठाकर अपने कंधे पर रखता है। रेखा विरोध करती है। रोहित की पीठ पर हाथ मारती है, लेकिन रोहित पर असर नहीं होता। वह उसे लेकर घर के बाहर आता है। जाते-जाते दर्शकों की तरफ रोहित की पीठ होती है, तो उन्हें रेखा के मुख पर मुस्कान दिखायी पड़ती है।)

इति

❑❑

नोट :

नाटक के दो अन्त हो सकते हैं। सुखान्तिक अथवा दुखान्तिक। नाटक का उपरोक्त अन्त सुखान्तिक है। यदि निर्देशक नाटक का दुखान्तिक अन्त चाहें, तो * से चिन्हित कारुणिक बिन्दु पर नाटक को समाप्त कर सकते हैं।